oekom

natürlich oekom!

Mit diesem Buch halten Sie ein echtes Stück Nachhaltigkeit in den Händen. Durch Ihren Kauf unterstützen Sie eine Produktion mit hohen ökologischen Ansprüchen:

- 100 % Recyclingpapier (Blauer-Engel-zertifiziert)
- mineralölfreie Druckfarben
- Verzicht auf Plastikfolie
- Kompensation aller klimaschädigenden Emissionen
- kurze Transportwege – in Deutschland gedruckt

Weitere Informationen finden Sie unter www.natürlich-oekom.de und #natürlichoekom.

Janine Steeger

GOING GREEN

Warum man nicht perfekt sein muss, um das Klima zu schützen

Klimaneutral
Verlag
ClimatePartner.com/53585-1805-1001

Bibliografische Information der Deutschen Nationalbibliothek:
Die Deutsche Nationalbibliothek verzeichnet
diese Publikation in der Deutschen Nationalbibliografie;
detaillierte bibliografische Daten sind im Internet
über http://dnb.d-nb.de abrufbar.

Gesellschaft für ökologische Kommunikation mbH
Waltherstraße 29, 80337 München

Layout und Satz: Reihs Satzstudio, Lohmar
Lektorat: Laura Kohlrausch, oekom verlag
Korrektorat: Maike Specht
Druck: GGP Media GmbH

Printed in Germany
ISBN 978-3-96238-176-9

RECYCLED
Papier aus
Recyclingmaterial
FSC® C014496
FSC
www.fsc.org

Inhalt

Einleitung

Verdammt, bin ich mir peinlich!

Es ist der 11. März 2011. Ich sitze schwanger auf unserem Sofa in der Kölner Innenstadt und starre auf die Fernsehbilder. Tränen laufen über mein Gesicht. Im japanischen Kernkraftwerk Fukushima I hat es mehrere Explosionen gegeben. Schnell sprechen die Medien von der schlimmsten Nuklearkatastrophe nach Tschernobyl. Panik steigt in mir auf. Sie überträgt sich durch den Fernseher, obwohl der Ort, in dem sich das alles abspielt, mehr als 9000 Kilometer Luftlinie entfernt liegt.

Ich bin ausgebildete Fernsehjournalistin. Als Reporterin und Moderatorin habe ich schon häufig über Katastrophen und großes Leid berichten müssen und kann in solchen Situationen professionell distanziert bleiben. Aber diese Reaktorkatastrophe erschüttert mich bis ins Mark. Der Grund dafür ist das ungeborene Leben in meinem Bauch – unser Sohn. Die Last der Verantwortung wird in den Minuten vor dem Fernseher unendlich schwer. In welche Welt werde ich da ein Kind gebären? Werde ich es vor solchen Katastrophen schützen können?

Diesen 11. März und auch die kommenden Tage verbringe ich in einer Art Schockstarre. Ich verfolge weiterhin akribisch, was in Fukushima passiert und welche Auswirkungen die Katastrophe auf die Menschen und das Leben rund um das Atomkraftwerk hat. Ich nehme all das Schreckliche in mich auf, unfähig, in irgendeiner Weise zu reagieren. Irgendwann aber kommt meine Reaktion. Zu einem viel späteren Zeitpunkt, dafür allerdings mit aller Wucht. Dieser 11. März 2011 ist der Beginn einer großen Veränderung in meinem Leben – privat und beruflich. Ich kremple nicht nur meinen Alltag um, ich kündige auch meine gut bezahlte Festanstellung als RTL-Moderatorin, um zu »Green Janine« zu werden.

Acht Jahre später, 15. März 2019. Mitten in einer Fridays-for-Future-Demonstration in Köln. Ich bin hingegangen, weil ich überzeugt bin, dass wir alle jetzt Haltung zeigen und uns einsetzen müssen. Die Klimakrise, in der wir stecken, erfordert das. Dr. Eckart von Hirschhausen, den ich regelmäßig auf Veranstaltungen treffe und der Fridays for Future unterstützt, hat dafür einmal ein recht eindrückliches Bild gezeichnet: »Unsere Mutter Erde ist krank. Sie gibt uns, wenn es ihr gut geht, alles, was wir brauchen. Gerne und ohne eine Rechnung zu stellen. Aber sie hat Fieber, und das Fieber steigt weiter. Nein, es sind keine Hitzewallungen der Wechseljahre, und es geht auch nicht von alleine vorbei. Es ist ein ›Multiorganversagen‹ und somit das Schlimmste, was es in der Intensivmedizin gibt. Lunge, Herz, Nieren – alles ist gleichzeitig betroffen, das ganze Kreislaufsystem. Zum ersten Mal in der Menschheitsgeschichte droht der Kollaps von vielen Systemen gleichzeitig.«

Was Eckart beschreibt, ist die einhellige Meinung der Wissenschaftler. Darum ist klar: Wir können nicht so weitermachen wie bisher. Es kann uns nicht weiterhin egal sein, dass der Earth Overshoot Day stetig weiter nach vorne rückt. Dieser Tag markiert den Punkt, ab dem wir mehr natürliche Ressourcen verbrauchen, als jährlich nachwachsen können. Im Jahr 2019 war dieser Tag bereits am 29. Juli. Nach dem Erdüberlastungstag leben wir für den Rest des Jahres auf Pump. Wenn alle Menschen sich so verhalten würden wie wir Deutschen, bräuchten wir nach aktuellem Stand 2,97 Erden, also fast drei. Wir haben aber nur eine. There is no planet B.

Während ich auf der Fridays-for-Future-Demo stehe, merke ich, dass ich mir unendlich peinlich bin. Als Individuum, aber auch als Teil einer gesamten Generation. Die Kinder und Jugendlichen rufen in Sprechchören: »Wir sind hier, wir sind laut, weil ihr uns die Zukunft klaut.« Mit »ihr« meinen sie auch mich. Sie meinen die Erwachsenen, ihre eigenen Eltern, die Unternehmerinnen und Unternehmer, Politikerinnen und Politiker. Uns alle, die wir längst hätten handeln müssen – so viel entschlossener, als wir es getan haben. Ich treffe den 17-jährigen Jan Tecklenburg. Er gehört zum Presseteam von FFF. Ich sage

Jan, dass ich mich nicht wohlfühle, dass ich mir peinlich bin, auch stellvertretend für meine Generation. Und frage ihn, ob er das verstehen könne. Seine Antwort ist ein charmanter Schlag ins Gesicht: »Das ist auch peinlich, wie die Erwachsenen sich verhalten haben in der Vergangenheit und wie sie sich in großen Teilen auch jetzt noch verhalten. Wir wissen seit Jahrzehnten, was los ist auf diesem Planeten. Aus Profitgier haben alle die Füße stillgehalten.« Keine Absolution also von Jan. Warum auch?

In Sachen Klimaschutz haben wir gnadenlos verkackt. Das ist die schlechte Nachricht. Die gute ist: Wir können das Ruder noch herumreißen. Aber nachdem wir so lange gezögert haben, müssen wir jetzt verdammt schnell in die Puschen kommen.

Dass diese Aufgabe einen manchmal etwas erschlägt, kenne ich gut aus meiner eigenen Veränderung von der jetsettenden Fernsehmoderatorin hin zu Green Janine. Vielleicht kann meine Geschichte aber auch Mut machen und inspirieren, einfach mal den ersten Schritt zu wagen. Ich werde erzählen, wie ich von der Umweltsau zur Klimaschützerin wurde. Und ich werde dabei nicht verschweigen, dass das kein glatter Durchlauf war und ich niemals perfekt sein werde und es auch nicht sein will. Der Weg war manchmal hart. Ich habe gestritten, diskutiert, mit mir selbst gerungen und mich an einigen Stellen überlisten müssen. Darf man Weihnachtsgeschenke noch einpacken? Ist ein Leben ohne eigenes Auto für eine Familie mit kleinem Kind möglich? Muss ich mich als Klimaschützerin vegan ernähren, und was tun, wenn die Familie über die Leere im Kühlschrank meckert, weil du versuchst, Lebensmittel in der Tonne zu vermeiden? Taugt Naturkosmetik auch bei Erwachsenen-Akne? Und riskiere ich Freundschaften, weil ich mich verweigere, für ein Mädelswochenende zu fliegen?

Ich kann versprechen: Alles hat ein gutes Ende genommen. Sogar ein sehr gutes. Denn die große Erkenntnis, die über allem steht, ist folgende: Nachhaltigkeit hat mein Leben so viel besser gemacht. Es lohnt sich, Verantwortung zu übernehmen. Für jeden von uns im Hier und Jetzt. Aber vor allem für die Zukunft unserer Kinder.

Erstes Kapitel

Wo soll ich bloß anfangen?

Kurz nach der Fukushima-Katastrophe und meiner persönlichen Schockstarre fangen die Gegenstände in unserer Wohnung an, mit mir zu sprechen. Umso mehr ich zu der Frage »Wie kann ich mein Leben nachhaltiger gestalten?« recherchiere, desto lauter wird das Gemurmel. Die Rosen auf dem Tisch erzählen mir, dass ihretwegen Frauen unfruchtbar werden und Kinder sterben: Auf den Blumenplantagen, auf denen sie gewachsen sind, werden viel zu viele Pestizide eingesetzt – ohne Rücksicht auf die Gesundheit der Arbeiterinnen und Arbeiter. Als Nächstes meldet sich die Kaffeemaschine. Es ist so eine Maschine, in die man Plastikkapseln reinsteckt. Jede Tasse eine Kapsel. Die Maschine beschimpft sich selbst als Umweltsau. Sie appelliert an mich, ich solle doch besser umsteigen auf eine andere Maschine, in die ich ganze Bohnen fülle – fair gehandelte natürlich. Die Kaffeemaschine ist noch gar nicht fertig mit ihrer Litanei, da höre ich schon die

Hähnchenbrustfilets aus dem Kühlschrank. Ein bisschen leise, weil die Tür noch zu ist. Sie flüstern: »Iss uns nicht! Wir kommen aus furchtbarer Massentierhaltung. Das darf nicht unterstützt werden. Außerdem sind uns in großen Mengen Antibiotika gespritzt worden. Wenn dein Kind zu viel von uns isst, kommt es früher in die Pubertät. Und wenn du zu viel von uns isst, wirst du resistent gegenüber Medikamenten.«

Plötzlich fühlen alle Möbel und Gebrauchsgegenstände sich aufgefordert, mir ihre Geschichte zu erzählen. Sie quatschen wild durcheinander. Die Worte prasseln auf mich nieder, das schlechte Gewissen schwillt an, bis ich irgendwann schreie: »Hört auf, ich hab's verstanden! Ich werde versuchen, mich zu bessern.«

In diesen ersten Wochen und Monaten meines Wandels von der Umweltsau zur Klimaschützerin fühle ich mich grenzenlos überfordert. Es gibt so unendlich viele Informationen zum nachhaltigen Lifestyle, und zu allem Überfluss sind sie teilweise widersprüchlich, häufig gibt es ein Aber. Insbesondere bei Lebensmitteln habe ich oft das Gefühl, mich zwischen Pest und Cholera entscheiden zu müssen. Nehmen wir das Thema Äpfel: Häufig liegt die Biovariante neben der regionalen. Der Bioapfel ist garantiert pestizidfrei, dafür wurde er aber um die halbe Welt geflogen, was die Ökobilanz in absurde Höhen treibt. Was geht vor? Gesundheit oder Treibhausgase? In meiner immer wieder auflodernden Hilflosigkeit entscheide ich mich, erst mal kleine Brötchen zu backen und mit den

Dingen anzufangen, die ich schnell, ohne großen Aufwand und ohne viel Aber umsetzen kann. Als würde sie mich unterstützen wollen, geht just in diesem Moment die Kaffeemaschine kaputt. Als Ersatz kaufen wir eine, die man direkt mit ganzen Bohnen füllen kann. Damit sparen wir jeden Tag mindestens vier Kapseln. An besonders müden Tagen sind es mehr ...

Mit wenigen Klicks und innerhalb von fünf Minuten wechsle ich als Nächstes den Stromanbieter. Wichtig dabei ist, so hatte ich es gelesen, auf »echten« Ökostrom zu setzen. »Echt« bedeutet, dass die Unternehmen ausschließlich Strom aus erneuerbaren Energien anbieten. Da kommen ohnehin nur eine Handvoll Anbieter infrage, das erleichtert mir die Auswahl. Ich entscheide mich für Naturstrom und bin überrascht, dass der Wechsel so leicht und auf lange Sicht nicht mal wirklich teurer ist. Zwar wird mein Vater, der Unternehmer, mir über die folgenden Jahre hinweg immer mal wieder sensationell günstige Angebote ans Herz legen und mich zum Wechsel ermuntern. Ich nehme das aber gelassen, weil ich weiß, dass er es nur gut meint. Irgendwann sage ich ihm klipp und klar, dass ich Überzeugungstäterin bin und deshalb beim Ökostrom bleiben werde.

Genauso unkompliziert wie die Sache mit dem Strom ist auch der Umstieg auf ökologische Reinigungs- und Waschmittel. Eine kurze Phase des Ausprobierens braucht es natürlich schon, bis allen Familienmitgliedern der Duft oder die Geruchlosigkeit gefällt und die Putzmittel auf

Wirksamkeit getestet sind. Aber sicher ist: Auch ohne Chemie putzt und wäscht es sich genauso gut. Oder sogar besser, denn erst wenn man keine beißenden Gerüche mehr in der Nase hat, merkt man so richtig, was man da eigentlich alles an seinen Körper und in die Umwelt gelassen hat. Sogar der Umstieg auf recyceltes Toilettenpapier führt nicht zu einem familiären Aufstand. Obwohl wir beim Klopapier echt aus dem Luxusbereich kommen: Mindestens vierlagig, extra soft und manchmal sogar parfümiert – danach hatte ich bislang gegriffen. Jetzt aber ist Schlichtheit am stillen Örtchen angesagt. Und siehe da: Es stört überhaupt niemanden.

Und trotzdem: Nicht nur die Frage »Wo fange ich an mit mehr Nachhaltigkeit?« überfordert mich. Auch dass ich überhaupt etwas verändern will, macht mir mehr zu schaffen, als ich in der ersten Euphorie erwartet habe. Immerhin habe ich mir mein angenehmes Leben über viele Jahre hart erarbeitet. Aufgewachsen in einem Unternehmerhaushalt mit Eltern und Großeltern, die das Wirtschaftswunder nach dem Zweiten Weltkrieg mitgestaltet haben, stand für mich bereits früh fest: Ein Arbeitsleben sollte geprägt sein von Karrierefortschritten und finanziellem Wachstum. Oder einfacher ausgedrückt: Ich wollte erfolgreich sein und gutes Geld verdienen.

Zum Leidwesen meines Vaters sah ich mich dabei nicht im elterlichen Betrieb, sondern wollte etwas ganz anderes machen. Schon als Teenager beschließe ich, die nächste Barbara Eligmann zu werden. Anfang der 90er ist sie die erste Moderatorin des RTL-Boulevardmagazins Explosiv. Bei uns zu Hause können wir damals gar kein Privatfernsehen empfangen, weil meine Eltern sich gegen eine Satellitenschüssel sperren. Bei einer Freundin sehe ich die Sendung zum ersten Mal und treffe in diesem Moment eine Entscheidung fürs Leben: Genau in diesem Studio will ich später auch mal stehen. Zielstrebig, mit großem Einsatz und vielen Entbehrungen arbeite ich auf diesen Traum hin. 2008 kommt dann noch ein bisschen Glück dazu, und tatsächlich wird wahr, was ich mir als Teenager vorgenommen hatte: Ich werde das neue Gesicht von RTL Explosiv.

Schon auf dem Weg dorthin hat mein Leben an Fahrt aufgenommen. Ich reise viel, beruflich und privat. Ich esse gut, meistens auswärts. Ich konsumiere einfach gern und zuweilen auch teuer. Zwar lege ich auch Geld zur Seite und spende einiges von meinem Einkommen. Aber im Großen und Ganzen genieße ich mein Leben in vollen Zügen und ohne Rücksicht auf Ressourcen. Umweltschutz und Nachhaltigkeit spielen dabei keine Rolle. Obwohl ich sehr ländlich und naturverbunden aufgewachsen bin, fragte ich mich damals nie, wie es dem Planeten geht.

Die Katastrophe in Fukushima, die Geburt unseres Sohnes und die daraus resultierenden Gedanken sind demzufolge wirklich ein Novum in meinem Leben. Und mir wird relativ schnell klar: Die Veränderungen in meinem Verhalten müssen größer werden, radikaler. Nur die einfachen Hürden nehmen und recyceltes Toilettenpapier verwenden wird nicht reichen, um die Welt zu retten. Och nö. Können das nicht andere machen? Nein, können sie nicht. Jeder muss bei sich selber anfangen.

Bei allem, was ich konsumiere, plane, tue, stelle ich mir ab jetzt die Frage: Gibt's das auch in Grün, oder geht das vielleicht auch klimaschonender?

Das Thema Finanzen lässt sich da beispielsweise nicht so schnell abhandeln wie die Frage nach dem besten Stromanbieter. Hier muss ich langjährige Verbindungen gegen ethisch-moralische Entscheidungen abwägen. In Bezug auf meine Sparkonten kann ich schnell agieren. Bislang landeten meine zurückgelegten Euro bei einer privaten Onlinebank. Ohne großen Aufwand wechsle ich damit zu einer von damals vier nachhaltigen Banken am Markt, bei der die Konditionen sogar genauso gut sind. Und der Effekt auf Umwelt und Mensch ist riesig: Zukünftig parke ich mein Erspartes bei einer Bank, die nicht in fragwürdige Geschäfte wie die Rüstungsindustrie, Atomstrom, Kohlestrom oder korrupte Regime investiert. Sogenannte Ethikbanken arbeiten extrem transparent. Die Kunden wissen, welche Projekte die Bank fördert, oft gibt es sogar die Möglichkeit der Mitbestimmung. »Aber muss ich bei solchen Banken auf Gewinn verzichten?«, ist oft die bange Frage. Es hat sich aber gezeigt, dass sie ökonomisch absolut mit konventionellen Banken mithalten können. Das gute Gefühl, mit dem eigenen Geld keinerlei Ausbeutung von Mensch oder Erde zu unterstützen, kommt als Gewinn obendrauf.

Trotz dieser vielen guten Argumente: Als es um meine Girokonten geht, komme ich ins Wanken. Denn nach allen Beratungsgesprächen mit nachhaltigen Banken muss ich doch feststellen: Keine kann mir die Flexibilität bieten, die ich bei der Volksbank in meiner Heimat habe. Dort habe ich ein Konto, seit ich geschäftsfähig bin. Dort kennt man mich, es gibt ein Vertrauensverhältnis. Dort erhöht man mir ohne viel Bürokratie mal schnell den Dispo, damit ich eine ungewöhnlich hohe Überweisung tätigen oder die schlechte Zahlungsmoral einiger Auftraggeber abfedern kann. Das hat mir vor allem als Selbstständige schon mehrfach den Arsch gerettet. All das kann ich nicht aufgeben und schließe einen Kompromiss: Ich eröffne ein Girokonto bei einer nachhaltigen Bank. Eines behalte ich aber bei der Volksbank. Immerhin hat meine Hausbank schon mal einen langen Text von mir zum Thema Nachhaltigkeit veröffentlicht, vollkommen egal scheint ihnen mein Anliegen also nicht zu sein. Aber ich will an dieser Stelle nicht naiv erscheinen: Die Ansprüche, die ich an nachhaltige Finanzgeschäfte stelle, erfüllt weder »meine« Volksbank noch all die anderen.

Einige Jahre später greife ich notgedrungen wieder auf meine Volksbank zurück. Als er acht Jahre alt ist, äußert unser Sohn den Wunsch nach einem Taschengeldkonto, auf das er mit eigener Karte Zugriff hat. Da wir schon lange genervt sind von unserem kruden System der Taschengeldzahlungen, weil wir nämlich keines haben und ständig bei unserem Sohn nachfragen, ob er diese

Woche eigentlich schon was bekommen habe, halten wir seinen Wunsch für eine tolle Lösung. Denn so können wir einfach einen Dauerauftrag einrichten und haben damit endlich transparente Taschengeldverhältnisse.

Natürlich sage ich: »Das geht aber nur bei einer grünen Bank. Ich möchte auch für dich grünes Geld.« Nachdem mein Sohn irritiert nachgefragt hatte, ob ich damit Hunderterscheine meine (nur die seien schließlich grün), und ich ihn aufgeklärt habe, beginne ich die Recherche. Bedeutet: Ich frage bei den Ethikbanken nach, ob sie Taschengeldkonten für Achtjährige anbieten, und werde überall enttäuscht. Solche Angebote gibt es bei allen erst ab dem Teenageralter.

Was jetzt? Warten? Die Idee vorläufig verwerfen? Neben dem Vorteil des Dauerauftrags finde ich es irgendwie aber auch ganz gut, dass unser Sohn sich schon jetzt auf andere Art mit dem Thema Geld auseinandersetzen möchte, als er das bisher mit Spardose und Portemonnaie getan hat. Zumal es zuweilen auch verdammt chaotisch in seinem Zimmer aussieht und das Taschengeld auf dem Konto auf jeden Fall sicherer gelagert wäre als zwischen Spielzeug, schmutzigen Klamotten und Süßigkeiten.

Also gebe ich auf und frage schließlich bei der Volksbank nach, ob die das gewünschte Guthabenkonto auch schon für Achtjährige anbieten. Tun sie. Deal. Ich fülle alle Unterlagen aus, und im Nikolausstiefel hat unser Sohn dann die heiß ersehnte Karte stecken. Die zugehörige PIN ist natürlich sicher bei uns versteckt …

Als Nächstes muss die Familie dran glauben …

Kompromisse muss ich in dieser Umstellungszeit und bis heute auch an vielen anderen Stellen finden, vor allem innerhalb der Familie. Denn was ich mir immer wieder klarmachen muss: Ich habe für mich entschieden, dass ich meinen Fußabdruck verringern will. Das kann ich aber weder meinem Mann noch unserem Sohn einfach so überstülpen. Natürlich gibt es zahlreiche Diskussionen, in denen ich auch sie zum Umdenken bewegen will.

Eine davon entwickelt sich kurz vor Weihnachten. Es geht um die Geschenke. Und zwar nicht um die große Frage, wie viele es denn überhaupt sein dürfen, von wegen weniger Konsum und so … Nein, es geht um die Frage, ob wir die Geschenke zukünftig noch verpacken. Ich meine, jeder weiß doch, wie es läuft: Erst packt man den ganzen Kram mit viel Liebe und Fummelei ein. Zumindest Kinder schenken dieser Mühe beim Auspacken dann aber keinerlei Beachtung, sondern reißen Schleife und Papier in Sekundenbruchteilen runter. Aufwand und Ergebnis stehen hier in keinerlei Verhältnis zueinander, das sich auch nur ansatzweise rechtfertigen ließe. Als mein Mann und ich am 23. Dezember abends auf dem Fußboden sitzen, bewaffnet mit Geschenkpapierrollen, Kleber und Schere, stelle ich also die alles entscheidende Frage: »Sollen wir nicht einfach ’ne Decke drüberwerfen?« Mein Mann guckt mich entgeistert an. »Warum?« »Weil wir uns dann das ganze Geschenkpapier sparen könnten. Das ist doch wirklich total bekloppte Verschwendung.« »Aber der muss doch Sachen auspacken können. Auspacken gehört zu Weihnachten dazu.« »Wenn wir eine Decke drüberlegen, sieht er es ja auch nicht direkt. Das ist doch wie auspacken.« »Wir haben maximal zwei Decken, da muss dann alles drunter. Er hätte also mit einem Rutsch mehrere Geschenke ausgepackt. Das nimmt doch die ganze Spannung.« Das geht so noch 'ne ganze Weile weiter.

Wie viel Klimaschutz kann man einem Kind zumuten? Ab wie viel Ressourceneinsparung darf man mit Traditionen brechen? Wir verpacken an diesem Weihnachtsvorabend dann doch alles wie geplant, und die Bescherung am nächsten Tag ist wie immer. Die Glocke läutet, das Kind kommt, reißt die Geschenke auf, zurück bleibt ein Papierfriedhof. An Wiederverwendung ist nicht zu denken. Über die folgenden Feiertage lässt mich das Thema nicht los. Und Zeit zum Recherchieren habe ich auch. Natürlich haben sich schon zahlreiche Umweltschützer vor mir mit dieser Frage beschäftigt, und ich finde einiges an Alternativvorschlägen im Netz. Nicht alles davon taugt auch für uns, zum Beispiel die Idee, Zeitungen zum Einpacken zu verwenden: Wir lesen seit Jahren alles digital. Wir haben gar keine Zeitungen. Immer wieder finde ich Hinweise auf die japanische Tradition Furoshiki. Die Idee dahinter: einmal mehrere Tücher kaufen und die dann jedes Jahr wiederverwenden. Aber auch das ist eine Neuanschaffung, und welche Größe ist die richtige, damit ich nicht doch im nächsten Jahr neue Tücher kaufen muss? Ich bin nicht überzeugt davon.

Ich lese weiter, grüble und komme zu einem Entschluss, den ich kurz darauf mit meinem Mann bespreche: Recyceltes Packpapier heißt für mich die Lösung. Mit entsprechender Dekoration aus Naturmaterialien wie zum Beispiel heruntergefallenen Zweigen sieht das super aus. Und anschließend kann das Papier wieder in den Papiermüll, sogar mit Tesafilm. Besser ist ohne, aber die Recyclinganlagen können Klebestreifen und Papier voneinander lösen. Und mit steigendem Alter unseres Sohnes kann man irgendwann vielleicht auch an Wiederverwenden denken. Mein Mann ist einverstanden. Und die Decken-, Tücher- oder Gar-nicht-Variante behalten wir uns als Erwachsene vor.

Umweltschutz sticht Boulevardfernsehen

So langsam bin ich richtig in Fahrt. Und mein Veränderungswille schwappt vom Privaten ins Berufliche. Ich will die Verantwortung für den Planeten nicht mehr am Eingang meines Arbeitgebers abgeben und schließe mich der Umweltgruppe bei RTL an. Ja, RTL hat eine Umweltgruppe. Wir sind damals weniger als zehn Mitarbeiter, die aber alle den unbedingten Willen haben, etwas im Unternehmen zu verändern. Und an vielen Stellen kläglich scheitern. Beispielsweise versuchen wir, das Thunfischangebot an der Salatbar in der Kantine auf einmal wöchentlich zu beschränken. Keine Chance. Die Nachfrage sei hoch, erklärt der Kantinenbetreiber, und man wolle die Gäste nicht verärgern. Nächster Versuch: Einwegbecher in der Cafeteria sollen mehr kosten. Gleichzeitig soll es einen Rabatt für mitgebrachte Kaffeetassen geben. Es hätte so schön werden können, ein echtes Paradies aus Mehrwegbechern ... Aber auch damit scheitern wir.

Nach einem intensiven Austausch mit dem Sustainability-Manager eines der größten IT-Unternehmen weltweit kämpfen wir als Nächstes für die flächendeckende Umstellung auf doppelseitigen Druck. Das IT-Unternehmen hat damit nicht nur 50 Prozent Papier gespart, sondern auch jede Menge Geld. Das muss jetzt aber klappen, wenn wir unserem Arbeitgeber neben den ökologischen auch diese ökonomischen Vorteile präsentieren. Und tatsächlich: Die Geschäftsführung unterstützt uns, die Standardeinstellungen aller Drucker werden geändert. Das bringt nun allerdings zahlreiche Mitarbeiter auf die Palme. Jedes Mitglied der Umweltgruppe wird fortan mal mehr, mal weniger spaßig beschimpft. Sogar in meinem späteren Abschiedsfilm nehmen das Thema doppelseitiger Druck und die große Aufregung darum viel Raum ein.

Andere für Umweltschutz zu begeistern kann eine mühsame Angelegenheit sein. Das merke ich in dieser Zeit zum ersten Mal überdeutlich. Trotz aller Frustration: Ich habe Blut geleckt. Und lege die Latte hoch. Ich will eine eigene Sendung über Umweltschutz. Ich schreibe Konzepte und gehe damit innerhalb der Sendergruppe hausieren. Und bekomme eine Absage nach der anderen. Der Zuschauer wolle das nicht. Und überhaupt, das sei einfach kein Thema für Sender, die sich durch Werbeeinnahmen finanzieren. Umweltschutz bedeute auch Verzicht und Verzicht, und Werbung passen nicht zusammen. Rums! Das sitzt. Es brodelt in mir. Vor allem weil wir bei Explosiv schon Reportagen zum Thema Nachhaltigkeit in der Sendung hatten, zwar sehr vereinzelt, aber sehr erfolgreich, wie der Quotenverlauf zeigt. Aber mir sind die Hände gebunden. Gegen die Einschätzung der Chefs komme ich nicht an. Diese frustrierende Erfahrung ist der Anfang vom Ende meines einstigen Traumjobs.

Während die essenzielle Frage, wie wir den Planeten retten können, für mich immer wichtiger wird, werden die Themen des Boulevards mir immer unwichtiger. So viel Spaß ich auch hatte und sosehr ich meinen Job geliebt habe – ich merke: Es ist vorbei. Die Leidenschaft ist weg. Und Leidenschaft ist das, was mich antreibt. Ich führe zahlreiche Gespräche mit meinem Mann, meiner Familie, meinen Freunden, mit Beratern und engen Kollegen. Und komme zu dem Schluss: Ich muss kündigen. Diese Entscheidung ist natürlich überhaupt nicht so einfach, wie es jetzt hier in Kurzform klingt. Ich bin Mutter, wir haben Fixkosten, und ich habe bislang immer für mich selbst sorgen können. Abhängigkeit ist mir zutiefst zuwider. Zwar habe ich ein bisschen Geld angespart und mein Mann ist fest angestellt und verdient weiterhin Geld. Aber so ein richtiger Plan B wäre schon schön. Denn was mache ich mit all den hehren Zielen, nachdem ich den Job geschmissen habe?

Während ich darüber noch grüble, passiert die Kündigung dann ganz plötzlich und eigentlich viel zu früh. Ich hatte zwei Wochen Urlaub und mit meinem Mann währenddessen fast täglich darüber gesprochen, wie es beruflich weitergehen soll. Am ersten Tag zurück im Sender, scheinen mir die Boulevardthemen und die Diskussionen, die wir in der Redaktion darum führen, plötzlich so dermaßen banal, dass es zu einer Kurzschlussreaktion kommt. Unmittelbar vor der Sendung wird mir klar, dass ich so nicht weitermachen kann, nicht weitermachen will. Ich schreibe meinem Redaktionsleiter eine Mail mit dem Betreff »Kündigung«. Mit klopfendem Herzen, aber dem sicheren Gefühl, das Richtige getan zu haben, gehe ich ins Studio. In der Werbepause und während die Beiträge laufen, korrespondiere ich weiter mit meinem Chef, der mir nicht glauben will. Wir einigen uns auf ein Gespräch in Ruhe am kommenden Morgen.

Zu Hause, mit meinem Mann auf dem Sofa, fühle ich mich von Stunde zu Stunde besser. Weil ich eine Entscheidung getroffen habe. Weil ich jetzt frei bin für das Neue, auch wenn ich noch nicht weiß, wie dieses Neue aussehen soll. Das Gefühl hält sich über Nacht, und so gehe ich am nächsten Morgen entschlossen und vollkommen klar in das Gespräch mit meinem Vorgesetzten. Er merkt schnell, dass es mir ernst ist. Es ist ein gutes Gespräch, auf Augenhöhe, zwischen zwei Menschen, die wissen, dass es Entwicklungen im Leben gibt, denen man nachgeben muss. Wie auf Wolken verlasse ich den Raum. Sagen darf ich natürlich noch niemandem etwas. Wir müssen erst mit der Chefredaktion einen Zeitplan festlegen und die Nachfolge regeln. Aber ich bin ab sofort bereit für die Zukunft.

Doch auch als ich einige Monate später zum letzten Mal Explosiv moderiere, existiert Plan B immer noch nicht. Irgendetwas mit Umweltschutz soll es werden. Aber was? Muss ich mich beruflich noch mal völlig neu orientieren? Was kann ich mit dem anfangen, was ich gelernt habe? Ich laufe fast täglich eine Runde durch den Park und komme von jeder Joggingrunde mit einer neuen Idee zurück. Meinem Mann sage ich jedes Mal: »Jetzt hab ich's.« Aber es stimmt nie. Meine eigene Unsicherheit und die Frage, wovon ich in Zukunft leben werde, fangen an, unser Familienleben zu belasten. Und dann kommt die rettende Idee. Jemand aus meinem Umfeld sagt: »Nenn dich doch Green Janine.«

Faszinierenderweise ist das der Moment, in dem der Knoten platzt. Unter diesem Namen sortieren sich wie von Geisterhand alle Ideen und Überlegungen. Plötzlich ist sonnenklar, was ich machen werde und welche Geschäftsideen in die Tonne gehören. Ich werde weiterhin als Journalistin und Moderatorin arbeiten. Nur eben für Veranstaltungen, die sich mit Themen der Nachhaltigkeit beschäftigten.

Aber ich habe die Skepsis der grünen Szene und mein Image als RTL-Moderatorin unterschätzt. Die alten Hasen im Umweltschutzgeschäft haben Zweifel an meiner Expertise und Glaubwürdigkeit. Dass ich privat schon sehr nachhaltig lebe, macht zwar Punkte. Aber den Großteil meiner heutigen Geschäftsbeziehungen muss ich mir hart erkämpfen. Unter anderem durch ein Studium. Ja, ich gebe mir ernsthaft noch mal die Uni und absolviere einen Kurs mit dem Titel »Betriebliches Umweltmanagement und Umweltökonomie«. Ich merke schnell, dass ich das, was ich zunächst für graue Theorie gehalten habe, bei meinen ersten Moderationsaufträgen als Green Janine tatsächlich einbringen kann. Und so erarbeite ich mir Stück für Stück den Ruf, gut informiert und vorbereitet zu sein. Und alles zusammengenommen wirkt. Meine Buchungen nehmen langsam zu, und nach zwei Jahren Selbstständigkeit bin ich über den Berg. Jetzt kann ich mein Leben und das meiner Familie wieder gleichberechtigt finanzieren. Dass ich beim Arbeiten wieder Leidenschaft empfinde, ist für mich aber der Hauptgewinn und der eigentliche Erfolg.

Und doch gibt es einen Haken: Ich erreiche nicht genug Menschen. Dabei wäre das doch so wichtig bei dem Thema. Genau deshalb hatte ich versucht, es beim Massenmedium Fernsehen und dem Marktführer RTL unterzubringen. Bei meinen Moderationen bewege ich mich meistens in Blasen, also auf Veranstaltungen, bei denen viele

Experten und Menschen zusammenkommen, die längst Umweltschützer sind und sich ›nur noch‹ über die Detailfragen austauschen. Aber wo ein Wille ist, ist auch ein Weg. Ich beschließe, künftig auch als Speakerin zu arbeiten und Menschen mit meinen eigenen Vorträgen zu einem nachhaltigen Lifestyle zu inspirieren. Und ich werde ein Buch schreiben ...

Die vergangenen Jahre haben mir Folgendes deutlich vor Augen geführt: dass es sich lohnt, sein eigenes Leben nachhaltiger zu gestalten, und dass es manchmal ganz schön schwer ist, seine Gewohnheiten loszulassen, sicheren Lebenssituationen Tschüss zu sagen und vom Wissen zum Handeln zu kommen. Letzteres zeigen auch sämtliche Umfragen: Umweltschutz gut finden – das geht den meisten leicht von der Hand. Das tatsächlich nötige umweltschützende Handeln weisen wir dann aber mit zahlreichen Entschuldigungen weit von uns. Warum reagieren wir so?

Diese Mind-Behavior-Gap – die Lücke zwischen Wissen und Handeln – lässt mich nicht los. Ich schnappe mir das Rad und fahre zum Kölner Dom, wo ich Ines Imdahl treffe, Diplom-Psychologin und Mutter von vier Kindern. Kann sie mir erklären, warum Menschen beispielsweise rauchen, obwohl sie wissen, dass das ganz, ganz schlimm für sie ist? Sogar wenn man ihnen Filme zeigt, in denen Rauchern die Beine abfallen, würden viele auf den ersten Schreck erst mal eine quarzen. Wie kann das sein? Ihre Antwort ist hart: »Wir sind nicht Herr im eigenen Haus.

Unser Verstand ist nicht der ausschlaggebende Treiber für unser Handeln. Das, was unser Handeln motiviert, ist viel komplexer, liegt viel tiefer und ist überhaupt nicht vernunftgetrieben. Wir könnten die Vernunft zum ›Nachrationalisieren‹ nutzen, indem wir uns sagen: ›Ich kaufe dieses und jenes Produkt nicht, weil ich der Umwelt damit etwas Gutes tue oder dem Klima oder der Gesundheit.‹ Aber das ist nie die eigentliche Ursache für unser Handeln. Die liegt immer in Emotionen begründet, und die sind oft ganz individuell.«

Aber es muss doch einen Weg geben, die Emotionen auszutricksen, hake ich nach. Und ich bekomme zur Antwort, dass dieser Weg über die Lust und den Lustgewinn geht.

Ines Imdahl bringt das Beispiel der schrumpeligen Bioäpfel, die man früher im Reformhaus bekam, wenn man bio einkaufen wollte: Einen ausgewiesenen Biotrend gibt es erst, seitdem Bioprodukte auch attraktiv aussehen und ebenso präsentiert werden. Es braucht diesen Lustgewinn – im Herzen, nicht im Kopf. Man muss zugreifen wollen, bio und Nachhaltigkeit muss einen anmachen. So einzukaufen muss schöner sein als konventioneller Konsum. Die Menschen sind in erster Linie egoistisch, erst im zweiten Schritt retten sie die Welt. Ines Imdahl hat so recht. Natürlich funktioniere ich genauso, jeder funktioniert so. Für Unternehmerinnen und Unternehmer ist das eine harte Erkenntnis. Denn das bedeutet in der Konsequenz: Ihre Produkte und Dienstleistungen müssen als

Erstes richtig gut sein – ein Lustgewinn. Und on top noch nachhaltig.

Aber es muss doch auch anders gehen. Alle diskutieren doch darüber, dass auch Politik unser Verhalten steuern kann und am besten soll. Über Verbote oder Anreize – oder beides?

Ines Imdahl ist ganz klar für eine Kombination. »Plastiktüten zeigen es perfekt. Einfach nur das Verbot führt erst mal zu Unlust und Frustration. Wenn man für Plastiktüten bezahlen muss, ist das Mitbringen der eigenen Beutel plötzlich ein Lustgewinn, weil ich das Geld für die Tüte nicht ausgeben muss, sondern eine dabeihabe. Verbote sind weiß Gott keine schlechte Sache: Unser ganzes Staatsprinzip, das Zusammenleben, funktioniert auf Verboten. Nicht auf Freiwilligkeit. Die Leute bringen sich gegenseitig nicht um, weil sie dafür ins Gefängnis kommen. Aber mit dem Lustgewinn, der durch Anreize entsteht, flutscht alles gleich viel leichter. Diese Erkenntnis sollten wir uns zunutze machen.«

Aber was tun, wenn man wie ich 2011 vor diesem riesigen Berg von »Man müsste mal«-Gedanken steht? Vielen Menschen geht es so wie mir damals – überfordert von den vielen Dingen, die es zu tun gibt auf dem Weg zu einem nachhaltigeren Leben. Und nicht wenige geben genau wegen dieser Überforderung auf.

Ines Imdahl vergleicht diesen Prozess mit einer Diät und rät zur Scheibchenmethode, um den Jo-Jo-Effekt zu vermeiden: »Wenn Sie 20 Kilo abnehmen müssen, haben

Sie von Anfang an keine Lust dazu. Wenn Sie sagen: ›Ich muss alles ändern‹, werden Sie gar nichts ändern. Das ist in der Psychologie auch so ein Grundsatz: ›Alles‹ heißt immer ›nichts‹, und ›nie wieder‹ heißt ›immer wieder‹. Diese Irritation, dass man es gleich perfekt machen muss, dass man alles richtig machen muss, haben ja auch viele Unternehmen. Was ein Drama ist. Viele Unternehmen versuchen sogar, etwas besser zu machen, trauen sich damit aber gar nicht an die Öffentlichkeit, weil dann vielleicht die Medien kommen und sagen: ›Aber bei dem einen Punkt bist du noch nicht perfekt, deine Produktion ist noch nicht komplett nachhaltig.‹ Die kleinen Schritte werden nicht positiv nach vorne gestellt.«

Das ist eine ganz wichtige Erkenntnis, finde ich: Wir müssen uns alle viel mehr auf die Schulter klopfen für die Veränderungen, die wir vollziehen. Und Disziplin, die in Deutschland so einen hohen Stellenwert hat, steht uns da oft sogar im Weg. Insbesondere Frauen neigen in dem Bestreben, perfekt sein zu wollen, zu strenger Disziplin. Aber schlussendlich führt das bei Diäten genau wie bei nachhaltigem Leben dazu, dass sie nicht durchhalten. Weil sie zu hart mit sich selbst sind. Das ist zum Scheitern verurteilt, sagt Ines Imdahl. »Da fahr ich ein paarmal mit der Bahn, und dann tritt der Jo-Jo-Effekt ein, und es ist wieder vorbei. Bei jeder Diät, die funktioniert, gibt es cheat days, also Schummeltage. Nur mit solchen Auszeiten, in denen wir uns ›Fehltritte‹ auch erlauben, bleiben wir mit Freude dabei. Auch beim Thema Umweltschutz.«

Das alles soll nicht davon ablenken, dass wir uns mächtig ins Zeug legen müssen, um den Planeten zu schützen, und dass jeder von uns sich bewegen muss. Da sind Ines Imdahl und ich uns einig. Aber genauso einig sind wir uns bei folgender Erkenntnis: Unsere Leben als berufstätige Mütter und die so vieler anderer Menschen sind anspruchsvoll, um nicht zu sagen anstrengend. Deshalb muss Nachhaltigkeit so leicht wie möglich gemacht werden. Und verdammt noch mal Spaß machen. Lustgewinn eben.

Zweites Kapitel

Wie viel Kleidung braucht der Mensch?

Als ich zum ersten Mal in meinem Leben eine Messehalle für nachhaltige und faire Kleidung betrete, bin ich entsetzt. Was ich sehe, entspricht jedem Klischee in meinem Kopf. Viel grobe Wolle, viel bunt, viel Walla-Walla. Als hätte man mit einem klimafreundlichen Leben automatisch das Recht auf figurbetonte Kleidung verwirkt. Und auf Modetrends sowieso.

Mit meinem Verständnis von schön hat das, was ich sehe, gar nichts zu tun. Ich bin als Moderatorin für eine Diskussionsrunde auf der Messe gebucht. Die Organisatorin kann meinen ersten Schock offenbar an meinem Gesicht ablesen und sagt: »Keine Panik, die coolen Label, die Jungen Wilden, stehen in einer anderen Halle. Die zeige ich dir gleich.« Ich nicke verunsichert, will aber glauben, was sie sagt. Dafür spricht, dass sie selbst überhaupt nicht »öko« aussieht: gut sitzende Jeans, tolle Bluse. Und auch ich selbst habe alles gegeben, um modisch auf dem neuesten Stand und gleichzeitig ökologisch korrekt gekleidet zu sein. Meine RTL-Stylistin hat mich unterstützt, und ich bin froh, dass wir etwas sehr Schönes gefunden haben. Leicht war das aber nicht. Weder damals noch heute. Das Thema Green Fashion hält für mich immer noch Hürden bereit. Aber eines ist klar: Wer das Klima schützen will, muss an das Thema Mode ran. Denn die Textilindustrie gehört zu den schmutzigsten Industrien überhaupt, verursacht enorme Umweltschäden und sorgt dafür, dass viele Menschen auf der Welt unter unwürdigen Bedingungen arbeiten. Einige riskieren sogar ihr Leben für unsere Klamotten.

Eine Grundregel bei mir zu Hause von Kindesbeinen an: Ordentlich gekleidet zu sein ist wichtig. Dabei geht es nicht um Marken oder so einen Quatsch, sondern darum, sauber und dem Anlass angemessen auszusehen. Meine Mutter hat mir das nicht nur eingebläut, sondern auch vorgelebt. Sie ist immer picobello gestylt aus dem Haus gegangen. Sie und meine Oma waren es auch, die mir folgende weitere Weisheit mit auf den Weg gegeben haben: »Es muss nicht nur oberflächlich tipptopp aussehen. Auch die Unterwäsche sollte immer anständig sein. Schließlich kannste auch beim Brötchenholen verunglücken – und dann stell dir mal vor, du landest mit ausgeleierter, verwaschener Unterhose im Krankenhaus.« Aus heutiger Sicht glaube ich sagen zu können, dass es mir herzlich egal wäre, was ich drunter trage, wenn ich ins Krankenhaus muss. Die Prioritäten scheinen mir in so einem Moment woanders zu liegen. Aber derart geprägt, eiferte ich schon früh meiner Mutter nach und sah immer aus wie aus dem Ei gepellt – abgesehen von einer kurzen, aber ziemlich heftigen Phase als Teenager, in der ich vor allem »scheiße« aussehen wollte, einfach um zu provozieren. Doch die meiste Zeit galt ich als diejenige, die auch nach 15 Stunden Fahrt mit dem Reisebus ausstieg, als wäre ich gerade erst eingestiegen, und hatte damit den tiefsten Respekt potenzieller Schwiegermütter sicher.

Solange meine Mutter noch für mich einkaufte und bezahlte, war die Anzahl der Shoppingtouren klar geregelt. Zweimal im Jahr fuhren wir zum Stammladen in die nächstgrößere Kreisstadt. Dort gab's dann Klamotten für meine Schwester und mich, und zwar für die komplette kommende Saison, inklusive einem Abstecher in den Schuhladen. Fertig war die Laube. Zwischendurch gab's nix. Brauchte auch niemand. Wollte auch niemand. Selber shoppen gehen war für mich erst ab dem Moment ein Thema, als ich neben der Schule eigenes Geld dazuverdiente, als Kellnerin oder als Aushilfe im Baustoffhandel meiner Eltern. Da standen so spannende Sachen wie Lieferscheinewegheften oder die Fenster-und-Türen-Ausstellung putzen auf dem Programm. Aber es brachte Kohle, die ich fortan in immer neue Kleidung investierte. Die Schlagzahl meiner Shoppingtouren erhöhte sich fortan rasant. Manchmal stand ich alle zwei Tage in meinem Lieblingsladen und wusste durch den engen Kontakt zur Besitzerin ganz genau, wann neue Ware eintraf. Hatte ich gerade nicht genug Geld, ließ ich mir sogar Sachen zurücklegen, wissend, dass ich ein paar Tage später den benötigten Betrag verdienen und das gute Stück auslösen konnte.

Zusätzlich angeheizt wurde meine Shoppinglust durch eine Art Battle, der sich irgendwie mit einer Klassenkameradin entwickelt hatte: Wer hat am häufigsten neue Klamotten an? Dieser Kampf wurde nicht verbal ausgetragen. Aber täglich haben wir uns kritisch beäugt und wussten genau, wenn die jeweils andere etwas Neues trug. Und da wir Stammkundinnen im selben Laden waren, wussten wir auch genau, wie viel Geld dafür über die Ladentheke gewandert war. Übrigens haben wir naturgemäß auch oft das Gleiche gekauft. Während so etwas in Magazinen wie »Bunte« regelmäßig für Schlagzeilen sorgt, störte uns das absolut nicht. Dieser Irrsinn blieb natürlich von unseren Mitschülerinnen und Mitschülern nicht unbemerkt. Ich bin mir sicher, viele fanden unser Verhalten damals ziemlich beknackt.

Fertig mit der Schule, drängt es mich in die Medien, genauer gesagt, zum Fernsehen. Was den Druck nach Optik und Äußerlichkeit anbelangt, habe ich damit die Königsklasse erreicht. Schon bei meinen ersten Praktika fällt mir auf: Die Senderflure gleichen einem Laufsteg, so sehr sind vor allem die Frauen dort auf ihr Äußeres bedacht. Ich versuche mitzuhalten. Da ich kaum Geld zur Verfügung habe und von dem wenigen Unterkunft und Essen bezahlen muss, bleibt mir nur die Billigware. Davon aber so viel wie möglich. Mit steigendem Gehalt ändert sich das in

»so viel und so teuer wie möglich«. Dass »teuer« natürlich überhaupt nichts über die Produktionsbedingungen aussagt, sondern ausschließlich über die Marge für die Händler, weiß ich damals nicht, ist mir auch egal. Ich shoppe, also bin ich. Unbequeme Fragen – bitte nicht an mich.

Zum ersten Mal ins Grübeln komme ich dann einige Jahre später, als ich 2011 schwanger bin, noch vor Fukushima. Wie die meisten Moderatorinnen im Privatfernsehen habe auch ich das Glück, während meiner Schwangerschaft für die Sendungen mit Umstandsmode ausgestattet zu werden. Aber auch für den privaten Gebrauch darf ich mir einiges aussuchen. Riesige Pakete kommen bei mir an, mit unverhältnismäßig vielen Kleidungsstücken für diese doch sehr überschaubare Zeit. Mit einer Freundin, die etwa zeitgleich schwanger ist, spreche ich damals zum ersten Mal darüber, dass da doch irgendwie ein Fehler im System ist. Und wir durchdenken das Geschäftsmodell »Schwangerschaftsmode zum Mieten« – wir setzen das dann zwar nicht um, das übernehmen aber zum Glück später andere für uns. Inzwischen gibt es ja eigentlich für alles, was man nur sporadisch braucht, derartige Mietmodelle: für Babykleidung, Babyausstattung, Outdoorequipment für Reisen etc. Und das ist so sinnvoll. Denn so werden die Lebenszyklen vieler Produkte um ein Vielfaches verlängert und Ressourcen gespart.

Gewisse Fragen zum Thema Kleidung sind also in meinem Kopf schon präsent, als ich anfange, mein Leben etwas grüner zu machen. Als sie ausreichend gewachsen sind, kurz nach der Geburt unseres Sohnes, weihe ich meine Stylistin bei RTL in meine Gedanken ein und mache sie zu meiner Komplizin. Aline kleidet mich jeden Tag ein. Sie weiß, was mir steht, was mir gefällt. Und ab sofort weiß sie auch, dass ich etwas verändern will. Nicht nur privat, sondern am liebsten auch beim Sender. Bei RTL gibt es einen riesigen Kleiderfundus. Das funktioniert folgendermaßen: Bekleidungsfirmen stellen Teile ihrer Kollektion zur Verfügung. Daraus können die Stylisten auswählen und Outfits für die Moderatorinnen und Moderatoren zusammenstellen. Als Gegenleistung gibt es Werbung – allein durchs Tragen oder zusätzlich durch eine Nennung im Abspann der Sendung. Das ist ein sehr komfortables Konstrukt. In meinem Fall aber auch eines, das mir von nun an missfällt, weil Eco Fashion dort bislang nicht vorkommt. Stundenlang spreche ich mit Aline darüber, wie ich meine Kleidung auf nachhaltig umstellen kann – und bin ihr bis heute unendlich dankbar, dass sie sich mit mir auf dieses Abenteuer eingelassen hat. Ich gehe sogar so weit zu behaupten, dass wir es waren, die dafür gesorgt haben, dass beim Sender bis heute immer mal wieder auch Fair Fashion getragen wird.

Als wir damals mit der Recherche beginnen, wissen wir nichts über nachhaltige Mode. Bevor es darum geht zu fragen: »Wo finden wir nachhaltige Mode?«, fragen wir uns erst einmal: »Was ist das eigentlich?« Wir kommen zu folgendem Ergebnis: Eco Fashion ist möglichst ressourcenschonend und aus Biomaterialien hergestellt. Sie enthält keine Schadstoffe und ist damit nicht gesundheitsgefährdend. Und sie wurde unter fairen Arbeitsbedingungen produziert. So weit – so gut, aber auch so problematisch, denn wie bei fast allen Aspekten des nachhaltigen Konsums findet man sich auch hier in einem Siegel-Dschungel wieder.

Nach welchen Kriterien wir zu suchen haben, ist Aline und mir jetzt klar. Ab sofort geht es um Styles und die Frage: »Wie schick kann nachhaltige Mode sein?« Denn was wir schnell merken: Die Auswahl bei Streetwear ist ziemlich groß. T-Shirts, Hoddies, Wohlfühlhosen. Aber Blazer, Blusen, Businesslook? Boah, echt schwierig!

2012 erscheinen die ersten Artikel über mich mit Überschriften wie »Warum ich meine veganen Turnschuhe liebe« oder »Miss Explosiv ganz exklusiv – wo Janine Steeger Eco Fashion kauft«. Auf die Frage, ob es schwer sei, fair zu shoppen, antworte ich damals: »Ja, sehr. Den einen Laden, wo man alles finden kann, gibt es nicht. Ich muss mir alles mühsam zusammensuchen. Und das nervt.« Denn es ist für mich superwichtig, »mein« Stammgeschäft, meine Stammboutique zu haben. Gelegentlich shoppe ich zwar gerne, stehe aber nicht auf Shoppingtouren durch zig Läden.

Ähnlich wie bei Lebensmitteln macht mich ein zu großes Angebot ganz kirre – und ich mag es zugegebenermaßen, Stammkundin zu sein. Vielleicht ist das so, wenn man vom Land kommt: Ich habe auch an jedem neuen Wohnort als Erstes nach meinem Stammbäcker, meinem

Siegel-Dschungel

Die meisten dieser »Ökosiegel« sind gut gemeint, aber indem sie unterschiedliche Schwerpunkte setzen, überlassen sie es den Verbrauchern, Kriterien gegeneinander aufzuwiegen. Der Global Organic Textile Standard, kurz GOTS, konzentriert sich beispielsweise stark auf den Anteil an Naturfasern. Die Fair Wear Foundation steht in erster Linie für faire Arbeitsbedingungen. Und das sind nur zwei von sehr vielen Siegeln und Gesichtspunkten. Als Orientierungshilfe fand ich die Übersicht von Greenpeace immer sehr hilfreich. Die bewerten die gängigen Textilsiegel mit einem System von ein bis drei Sternen, je nach der Strenge und Anzahl der Kriterien sowie der Unabhängigkeit der Überprüfung:

- Drei Sterne bekommen: IVN Best, GOTS, Made in Green von Oeko-Tex.
- Zwei Sterne bekommen: Bluesign, Cradle to Cradle Siegel, Der Blaue Engel, EU-Ecolabel .
- Nur einen Stern bekommt das reine Verbraucherschutzsiegel Oeko-Tex Standard 100.

Quelle: Greenpeace: »Textil-Siegel im Greenpeace-Check«, April 2018.

Stammitaliener usw. gesucht. Es gibt mir einfach ein heimeliges Gefühl.

Als ich aber beginne, nach nachhaltiger Mode zu suchen, muss ich darauf erst einmal verzichten. Aber aufgeben, sobald es schwer wird, ist nicht mein Ding, und irgendwann kommt die Wende. Genauer gesagt, bringt sie die bereits eingangs zitierte Messe für nachhaltige Mode. Denn tatsächlich gibt es diese Halle mit den Jungen Wilden, wie die Organisatorin sie genannt hatte. Als ich da reinkomme, bin ich noch in derselben Sekunde versöhnt. Nach einem Rundgang atme ich auf, rufe Aline an und sage: »Ich habe superviele Kontakte zu ganz tollen Labels. Jetzt können wir durchstarten!«

Eine Katastrophe verändert die Modeindustrie

Am 24. April 2013 stürzt in Bangladesch eine Textilfabrik ein. 1136 Menschen werden getötet, mehr als 2000 verletzt. Schon am Tag zuvor hatte man Risse in dem Gebäude entdeckt, die Arbeiterinnen und Arbeiter aber gezwungen weiterzuschneidern. Das Unglück ist der Auslöser für eine weltweite Diskussion über die Arbeitsbedingungen in der Textilindustrie. In Deutschland gründet sich in der Folge das Textilbündnis. Auf der ganzen Welt schließen sich Menschen der Fashion Revolution an. Und auch bei RTL Explosiv senden wir zwei Filme, die sich mit unserem unsäglichen Umgang mit Mode beschäftigen, denn nichts anderes ist es, wenn wir den armen Süden für unser Aussehen malochen lassen – im Extremfall bis in den Tod.

Den ersten Film strahlt RTL schon lange vor »Rana Plaza« aus. Ich moderierte ihn damals mit den Worten an: »Möglicherweise klebt auch an Ihrer Jeans Blut.« Ein Kollege hatte verdeckt in der Türkei gedreht, wo es viele Produktionsstätten gibt, in denen Jeans gesandstrahlt werden, um den klassischen Used-Look zu bekommen. Mit einem Hochdruckgerät bearbeiten die Männer den Stoff und tragen dabei weder Schutzanzüge noch Atemschutzmasken. Viele von ihnen erkranken in der Folge an der tödlichen Staublungenkrankheit. Der Arbeiter, mit dem mein Kollege das Interview führt, ist schon krank. Und er nennt uns die Jeansmarken, für die er und seine Kollegen arbeiten. Marken, die sich alle auch im RTL-Fundus finden. Es klingt absurd, aber fast hätte ich an diesem Tag in der Sendung, in der dieser Beitrag lief, eine solche Jeans getragen. Glücklicherweise ist uns das noch rechtzeitig aufgefallen. Aber dass wir diesen Fauxpas gerade noch verhindern konnten, ändert nichts am Problem: dass Unternehmen bereit sind, die Gesundheit von Menschen aufs Spiel zu setzen, um besonders gefragte Jeans gewinnbringend zu verkaufen.

Anderer Tag, anderer Film. Inspiriert durch meinen Weg hin zu mehr Nachhaltigkeit, hat eine Kollegin angefangen zu recherchieren und herausgefunden, welche entsetzlichen Mengen an Kleidung wir in die Altkleidersammlung werfen. In einer Sortieranlage in Sachsen-Anhalt kommen jeden Tag etwa 400 Tonnen aus ganz Europa an – vieles davon extrem gut erhalten, einiges sogar ungetragen. Da sind die Etiketten noch dran. Um zu demonstrieren, wie gestört das ist, starten wir ein Experiment: Finde ich ein Abendoutfit in diesem Müll, mit dem ich bei der Düsseldorfer Modeschickeria überzeugen kann? Ich kann das an dieser Stelle abkürzen: Finde ich. Mehrere sogar. Und die Fashionistas merken gar nichts, sondern rätseln, während sie mich betrachten, welchen High-End-Designer ich da trage.

Wir sind zur Fast-Fashion-Generation verkommen. Bei den Billiglabels erscheinen inzwischen zwölf Kollektionen im Jahr. Früher dauerte es zwischen zwei und drei Monaten, bis ein Produkt in den Handel kam. Mittlerweile sind es nur noch 12 bis 15 Tage. Gerade habe ich vom neuesten Irrsinn gelesen: Einige große Online-Modeplattformen spotten die aktuellsten Trends im Fashion-Bereich in den Social-Media-Kanälen und stellen dann innerhalb von einer Woche passende Produkte her. Eine Woche! Die Geschwindigkeit, in der der Modezirkus agiert, scheint keine Grenzen zu kennen. Und die Kunden scheinen es so zu wollen. Kein Wunder, dass bei dieser Drehzahl bis zu 460 Millionen Kleidungsstücke jährlich völlig ungetragen direkt aus den Läden wieder in den Müll wandern.* Doch wenn (wenn!) wir mit diesen Folgen von Fast Fashion

* SWR aktuell: »Deutsche Textilindustrie vernichtet über 200 Millionen fabrikneuer Kleidungsstücke«, 10.11.2019.

direkt konfrontiert werden, kommen viele doch ins Grübeln. Wir sind nicht gefühlskalt und unempathisch, wir sind nur oberflächlich und desinteressiert. Jedenfalls zeigt das ein Experiment, das im Netz viral gegangen ist: An einem Automaten, aufgestellt in einer Fußgängerzone, gibt es T-Shirts für nur zwei Euro. Sobald die Kaufwilligen das Geld eingeworfen hatten, bekamen sie erst mal keine Ware, stattdessen gab es ein Video zu sehen, das eindrucksvoll zeigt, wie miserabel die Arbeitsbedingungen der Menschen sind, die diese Billig-T-Shirts herstellen. Am Ende stand die Frage: »Willst du dieses T-Shirt wirklich haben oder die 2 Euro spenden?« Viele Passanten spendeten daraufhin das Geld …

Die Botschaft scheint klar: Wer Bescheid weiß, ändert sein Kaufverhalten. Aber wie nachhaltig ist diese Veränderung? Klar, seit ich mehr weiß, shoppe ich anders. Trotzdem kaufe ich immer noch zu viel. Ich habe so viele Klamotten im Schrank, dass ich regelmäßig aussortiere und welche verschenke. Dabei knabbert heimlich schon die offensichtliche Frage an mir: »Wie viel Kleidung braucht der Mensch wirklich?« Diverse Bloggerinnen, die sich in Minimalismusexperimenten versuchen, inspirieren mich hier: »100 Tage in nur einem einzigen Kleid« oder »Ein Jahr nicht shoppen«. Gemeinsam mit der Kölner Designerin Claudia Lanius, die schon seit Ende der 90er nachhaltige Mode macht, kreiere ich einen total reduzierten Kleiderschrank, mit dem ich trotzdem glücklich bin und mich in jeder Situation richtig angezogen fühle. Wir kommen auf zwölf Teile für Herbst und Winter. Eine Frau wie ich, die zumindest an der Bezeichnung shoppingsüchtig gekratzt hat, will jetzt mit zwölf Teilen im Schrank klarkommen? »Mutig«, sagen die einen, »verrückt«, die anderen. Das Ergebnis: Es funktioniert bestens, und es macht das Leben so viel leichter. Kaum noch Entscheidungsmöglichkeiten zu haben bedeutet auch, keine Zeit mehr mit der leidigen Frage »Was ziehe ich an?« zu verschwenden.

Mein Sohn und der nachhaltige Existenzialismus

»Mama, das ist mir alles zu bunt in meinem Schrank. Ich will eigentlich nur noch Schwarz tragen.« Unser Sohn ist sechs Jahre und neun Monate alt, als er mich darüber in Kenntnis setzt, dass sich bei ihm in Sachen Kleidung etwas ändern muss. Das stellt mich vor völlig neue Herausforderungen. Denn bislang hat er überwiegend die Sachen seiner Cousins aufgetragen. Meine Schwester hat drei Jungs. Unseren Sohn haben wir clever in eine Kleidergrößenlücke geboren, sodass bislang alles aus dem Kleiderschrank meines ältesten Neffen in den Kleiderschrank unseres Sohnes gewandert ist. Und wenn der dann rausgewachsen war, gingen die Klamotten wieder zurück zu meiner Schwester für die Neffen Nummer zwei und drei. Ich glaube, dass wenige Kinderklamotten so lange getragen werden wie die meiner Schwester, denn im Anschluss verleiht sie die Klamotten auch noch an Freunde, die sie ihren Kindern anziehen. Und erst wenn auch die rausgewachsen sind, verschenkt sie die Sachen und erhöht die Nutzungsdauer damit noch einmal.

Das Problem mit der schwarzen Phase unseres Sohnes ist jedoch: Die Sachen seines ältesten Cousins sind nicht schwarz, sondern farbenfroh. Wie im Übrigen die meisten Kindersachen. Die Textilindustrie rechnet nicht damit, dass Sechsjährige schon auf »Existenzialistenschwarz« stehen. Aber nun ist es so, und das bedeutet: Wir müssen ab sofort eigene Sachen kaufen. Das Gute am Wunsch unseres Sohnes: Er wird nicht viel brauchen. Ein schwarzes Shirt ist ein schwarzes Shirt ist ein schwarzes Shirt. Das Blöde: Auch bei fairer Kinderkleidung konnte ich noch keinen Schwarztrend ausmachen. Ich könnte jetzt auf bunte Kleidung bestehen. Aber jeden Morgen Diskussionen bis zur Totalverweigerung? No way. Also gehe ich einen Kompromiss ein: Ich kaufe eine sehr reduzierte Basisausstattung bei einer großen Modekette aus der nachhaltigen Kollektion – wohl wissend, dass diese Bezeichnung längst nicht bedeutet, dass bei der Produktion alles tipptopp ist. Es ist unbefriedigend. Aber für den Moment okay.

Doch schon rollt das nächste Problem heran: Es ist Fußball-WM. Unser Sohn spielt zwar nicht im Verein, ist aber durch die Weltmeisterschaft und die vielen kickenden Kinder in der Nachbarschaft plötzlich Feuer und Flamme. Alle Jungs um ihn herum, wirklich ausnahmslos, tragen Trikots und Hosen berühmter Spieler in der Miniausführung. Hergestellt und vertrieben von den großen Sportmarken. Mit fair ist da nichts gelabelt. Ich versuche, meinem Sohn ein T-Shirt eines Eco-Labels schmackhaft zu machen, auf dem einfach ein Fußball vorne drauf ist, untendrunter steht »Fair play«. Aber das ist natürlich nicht das Gleiche. Und das verstehe ich auch. Na klar könnte man jetzt sagen: Mach doch einfach nicht mit, lass den Gruppenzwang Gruppenzwang sein! Die Kinder können doch gar nicht früh genug lernen, dass man nicht nur fair spielen, sondern auch faire Klamotten kaufen soll. Aber erstens sehen die Trikots der Stars tausendmal cooler aus als dieses faire Fußballshirt. Und zweitens müssen wir als Verbraucher auch die großen Produzenten und Label unter Druck setzen. Denn nur weil ich mich dagegen entscheide, mit der Masse zu schwimmen, schwimmt die Masse ja trotzdem weiter. Die Fashion Revolution hat da einen, wie ich finde, sehr guten Weg gefunden. Sie ruft dazu auf, bei allen Bekleidungsunternehmen zu fragen: »Wer hat die Kleidung hergestellt?«, #whomademyclothes. Denn je mehr derartige Anfragen bei den Firmen eingehen, umso klarer wird, dass es den Kunden *nicht* egal ist, was hinter den Kulissen passiert.

Als ich 2015 zum ersten Mal E-Mails an einige große Konzerne schreibe und nachfrage, wer das Kleidungsstück eigentlich produziert hat, das ich da seit einigen Jahren im Schrank habe, fühle ich mich noch ziemlich allein. In der Fashion Revolution Week 2019 ist das Gefühl schon ein ganz anderes. Es gibt inzwischen zahlreiche Events und auch Demonstrationen, bei denen man den eigenen Unmut äußern kann. Bei der FashRev kann man sogar Brandbriefe downloaden, die an Politiker oder einzelne Klamottenlabel gerichtet sind – immer mit der Kernfrage »Wisst ihr, wer wo auf der Welt und unter welchen Bedingungen für euch arbeitet?«. Dass wir als Konsumentinnen und Konsumenten unser Recht nutzen nachzufragen, Transparenz einzufordern, ist ein ganz wichtiger Punkt. Und das müssen wir vor allem bei den konventionellen Marken tun, denn die müssen mitziehen. Nur dann haben wir wirklich die Chance auf Veränderung einer gesamten Industrie.

Während ich bei meinem Sohn also Kompromissbereitschaft zeige und hoffe, dass die Schwarzphase schnell vorbei ist, bin ich bei meiner eigenen Kleidung radikal. Ich kaufe (fast) nur noch Eco Fashion. Aber bei bestimmten Teilen stoße ich regelmäßig an Grenzen, etwa bei Unterwäsche. Denn als ich beginne, meinen Kleiderschrank auf nachhaltig umzustellen, gibt es weit und breit keine Schalen-BHs. Meine Mitleidenden wissen jetzt sofort Bescheid: Ohne Schalen droht Nippelalarm. Ich hasse das. Das Problem mit fairen BHs: Die kleinen Polster sind normalerweise aus einem Schaumstoff, der Giftstoffe und Silikone enthält. Damals hatte noch niemand eine nachhaltige Lösung dafür gefunden, die sich mit den Zertifizierungen in Einklang bringen lässt. Inzwischen haben einige Label jedoch viel Zeit, Geld und Hirnschmalz in innovative Entwicklungen gesteckt. Und tatatata: Es gibt jetzt nachhaltige BHs, durch die niemand erkennt, ob der Trägerin kalt ist – zum Beispiel erlich textil oder lovjoi intimates. Das macht mir ganz persönlich auch Hoffnung für Schulterpolster – die mag ich nämlich sehr, gibt es bei Eco Fashion aber aus demselben Grund wie bei den BHs bislang nicht oder nur sehr selten.

Schuhe – das größte Problem

Ich war mal bei einem Bloggertreffen zum Thema nachhaltige Kleidung. Gefragt nach den größten Baustellen, sagte jede der anwesenden Frauen: »Bei mir sind es die Schuhe.« Und das war ganz unabhängig davon, ob die Frauen vegane Schuhe suchen oder nachhaltiges Leder akzeptieren.

Über die Produktion von Schuhen schreibt das Netzwerk INKOTA: »Wenn du in den allseits beliebten Schuhläden unterwegs bist, ist es ziemlich wahrscheinlich, dass in deinen Schuhen unwürdige Arbeitsbedingungen, Hungerlöhne und giftige Chemikalien stecken.« Chemikalien, die nicht nur die Arbeiterinnen und Arbeiter sehr krank machen können, sondern auch alle, die im Umfeld derartiger Fabriken leben. Und wem das noch nicht reicht: Diese Schuhe schaden auch den Füßen derer, die sie tragen. Eine Freundin von mir hatte sich mal in einem Urlaub schwarze Ballerinas gekauft. Ihre Füße schwollen an, dann der ganze Körper. Die Ausschläge wurde sie auch nach der

Heimreise nicht los, und erst nach zahlreichen Arztbesuchen stand fest, es war die Chemie in den Schuhen …

Es macht also in vielerlei Hinsicht Sinn, auch bei den Schuhen genau zu gucken, wie sie hergestellt wurden. Aber das Angebot an schönen und bezahlbaren nachhaltigen Schuhen ist bis heute sehr überschaubar. Meine persönlichen Lieblingsschuhe kommen meist von Alina Schürfeld und Nine to Five.

Nachhaltig joggen?

Unterwäsche, Schuhe und Funktionskleidung: Das sind sie, meine härtesten Brocken, wenn es ums öko-faire Outfit geht. Denn ja, auch ich mache Sport. Und am liebsten draußen. Ich laufe bei jeder Temperatur, im Regen, im Wind – und möchte dabei nicht auf die Vorteile von Funktionsstoffen verzichten. Atmungsaktiv, schweißabsorbierend, schnell trocknend und leicht soll es sein.

Jede Funktion heißt aber auch: Es wurde Chemie eingesetzt. Deshalb steht beim Kauf ganz oben auf meiner Liste die Frage »Welche Funktion brauche ich wirklich?«. Ein Extrembergsteiger hat andere Bedürfnisse als ich, die Hobbyläuferin. Als Nächstes spielt für mich die Frage nach Recyclingfasern eine wichtige Rolle. Bei der Verwendung von recycelten Fasern kommt zumindest kein weiteres Erdöl für die Produktion zum Einsatz. Chemie ist jedoch auch hier im Spiel. Auch bei Sportklamotten gibt es glücklicherweise Siegel, die ein wenig Licht ins Dunkel bringen. Das Bluesign Label ist hier ein guter Anhaltspunkt, denn damit gehen sehr strenge Kontrollen in Bezug auf Schadstoffe einher.

Und auch bei Sportklamotten gilt: Weniger ist mehr. Ich habe viele meiner Laufsachen schon jahrelang. Und ich habe nur ganz wenige Teile. Früher hat mich manchmal das Gefühl gepackt, ich bräuchte neue Sportklamotten, weil die mich aus dem Motivationsloch rausholen. In Wirklichkeit muss ich zugeben: Kein einziges neues Teil hat mich öfter loslaufen lassen. Motivation musste und muss ich mir über andere Wege holen.

Was ein Vielläufer natürlich häufiger braucht, sind neue Schuhe. Und an der Stelle wird es wirklich haarig. Denn der perfekte Laufschuh ist etwas sehr Individuelles und zuweilen Kompliziertes. Ich habe schon mal welche gekauft, nur weil sie nachhaltig waren. Und ich war todunglücklich damit. Meine Füße sind darin trotz richtiger Größe ständig eingeschlafen. Ging überhaupt nicht, musste ich ersetzen.

Aktuell wirbt eine große Marke damit, den ersten zu 100 Prozent recycelbaren Laufschuh auf den Markt zu bringen. Wenn der durchgelaufen ist, kann man ihn an das Unternehmen zurückschicken. Dort wird er zu einem neuen Schuh. Das geht, weil nur ein Material und kein Kleber verwendet wurde. Super Sache im Sinne der Kreislaufwirtschaft! Ich hoffe sehr, dass das funktioniert und irgendwann auf sämtliche Modelle angewendet wird.

Viele Unternehmen denken heute darüber nach, wie sie die Lebenszyklen von Kleidungsstücken verlängern können und wie Materialien den Weg zurück in den Kreislauf finden. Die Laufschuhe sind da nur ein Beispiel. Viele Firmen nehmen inzwischen ihre Produkte zurück, um daraus neue zu schaffen. Zusätzlich ploppen überall Reparaturangebote auf. Unkompliziert, kostenlos – um so viele Kunden wie möglich davon zu überzeugen, dass das, was kaputtgeht, nicht direkt in die Tonne gehört. Und damit es gar nicht erst so oft dazu kommt, dass Klamotten kaputtgehen, gehören Pflegehinweise für viele Firmen im Netz oder auf den Etiketten inzwischen zum guten Ton.

Und natürlich gibt es schon lange einen weiteren Trend, der in dieselbe Richtung geht: Secondhand und Kleidertausch. Mit anderen Frauen zusammensitzen und aussortierte Kleidung der anderen anprobieren – viele genießen solche Zusammenkünfte inzwischen mehr als die anstrengenden Shoppingtouren durch die Innenstadt. Und die getragenen Sachen vor Ort oder im Netz zu verkaufen schont den Geldbeutel enorm. So kann sich jeder Nachhaltigkeit leisten.

Der neueste Trend ist übrigens das Mieten einer »Kleiderkapsel«: Für einen bestimmten Zeitraum bekommt man fünf bis acht Fair-Fashion-Teile zugeschickt, die man durch geschicktes Kombinieren untereinander und mit Basics, die man im Schrank hat, zu 30 unterschiedlichen Outfits machen kann. Das werde ich demnächst mal ausprobieren.

Das Thema Mode und Nachhaltigkeit ist wirklich kein leichtes. Insbesondere für uns Frauen. Eine der größten Modeikonen unserer Zeit, Vivienne Westwood, hat dazu etwas gesagt, dem nichts hinzuzufügen ist: »Buy less, choose well, make it last.«

Drittes Kapitel

»Mama, fliegen wir jetzt nie wieder?«

Mein Mut in Sachen Mobilität hat einen neuen Höhepunkt erreicht, als ich beginne, dieses Buch zu schreiben. Und so viel kann ich verraten: Mut wird nicht immer umgehend belohnt.

Den Sommer 2019 verbringen wir an der Nordsee. Und wir fahren nicht nur einfach mit der Bahn dorthin – wir setzen noch einen drauf und nehmen unsere Fahrräder mit. »Was soll daran mutig sein?«, wird der eine oder andere jetzt fragen. Tatsächlich halten Bahnfahrten, die über kurze Strecken hinausgehen, oft die eine oder andere Überraschung bereit. Und dann auch noch mit Fahrrädern …

Unser bis dato größtes Reiseabenteuer beginnt an einem gemütlichen Sonntagnachmittag. Wir hängen im Wohnzimmer herum und sprechen darüber, was wir in den Sommerferien machen wollen. »Wir könnten doch einfach mit der Bahn an die Nordsee fahren und unsere

Räder mitnehmen, um vor Ort mobiler zu sein«, schlage ich vor.

Wir sind alle drei ganz angetan von der Idee, bis mir plötzlich auffällt: »Aber Rollkoffer und Fahrrad, das ist ja total nervig.« Daraufhin mein Mann: »Nee, da können wir nur Rucksäcke mitnehmen.« Dieses Detail in unserem schönen Urlaubsplan wirft mich etwas aus der Bahn: »Auf keinen Fall. Ich hatte noch nie so einen Backpacker-Rucksack und werde auch nie einen haben. Das bin ich nicht. Ich bin kein Backpacking-Mädchen. Was kommt danach? Zelten?« Dazu muss man wissen, dass ich Zelten und Camping einfach doof finde. Ist so, bleibt so, muss man auch mal sagen dürfen. Mein Mann hat jedoch sofort eine Lösung parat, und die heißt: Mietwagen. Puh. Alles in mir sträubt sich dagegen, nun doch wieder auf ein Auto zurückgreifen zu müssen, obwohl wir inzwischen so gut ohne klarkommen. Kurz denke ich darüber nach, ob ich meinen Mann bitten soll, wenigstens ein Elektroauto zu mieten. Aber dann sage ich: »Vergiss es! Es gibt ja auch schöne Reiserucksäcke. Und außerdem ist es gut, wenn wir uns durch die Rucksäcke gepäckmäßig reduzieren müssen. Wir haben sonst ohnehin immer zu viel dabei.«

Der Plan steht also. Jetzt müssen Tickets her. Wie ich es immer mache, will ich unsere Fahrkarten auch dieses Mal online buchen. Normalerweise mache ich das über die App. Aber in diesem Fall setze ich mich an den Rechner, in der Hoffnung, auf einem größeren Bildschirm den größeren Durchblick zu haben. Doch egal, was ich auch versuche, es will mir nicht gelingen, gleichzeitig unsere Sitzplätze und die Stellplätze für die Räder zu buchen. Genervt beschließe ich ganz *old style*, das Reisebüro im Kölner Hauptbahnhof aufzusuchen. Als ich dem sehr netten Mitarbeiter dort erkläre, was mein Problem ist, lächelt er mich erst noch milde an und murmelt etwas wie: »Da haben Sie nicht richtig hingeschaut.« 20 Minuten und viele Klicks später gibt er zu: »Das geht tatsächlich nicht so leicht.« Und er schiebt genervt hinterher: »Bedienerfreundlich ist das nicht.«

Aber der Profi schafft, was mir nicht gelingen wollte, und so verlasse ich den Bahnhof mit Tickets für drei Personen und drei Fahrräder im selben Zug. Leider befinden sich unsere Sitz- und Fahrradplätze an entgegengesetzten Enden des Zuges – aber geschenkt, das trauen wir uns gerade noch zu. Wenige Tage später kommt mein Mann mit einer schlechten Nachricht nach Hause. Eine Kollegin, die unsere gebuchte Urlaubsstrecke regelmäßig fährt, weiß zu berichten, dass Teile dieser Strecke an den Wochenenden wegen Bauarbeiten gesperrt sind. Schienenersatzverkehr wird angeboten. Bingo: Unsere beiden Reisetage sind Samstage. Kommt man mit drei Fahrrädern auch in den Bus? Wir sehen der Abreise etwas bange entgegen.

Der Tag der Abreise beginnt mit einem Kampf um meine Satteltaschen. Da wir nur wenig einpacken können, schielen wir alle drei auf den zusätzlichen Platz, denn die beiden anderen Räder haben keinen Gepäckträger und somit auch keine Satteltaschen. Als mein Mann seine

Waschtasche bei mir reinpacken will, sage ich: »Das kann eng werden.« Denn natürlich habe ich mir schon einiges an Raum gesichert. Hängen ja schließlich an meinem Fahrrad, die Taschen. Nach ein bisschen Hin und Her ist aber alles verstaut. Und wir haben uns wirklich sehr zusammengerissen: drei Oberteile, drei Hosen, Sportsachen und Schlafanzug. Zum Glück gibt es eine Waschmaschine im Ferienhaus. Und ein Galadinner ist auch nicht geplant. Das meiste Volumen verbrauchen jeweils ein warmer Pulli und die Regenjacke – beides unerlässlich an der See.

Schon zum Kölner Hauptbahnhof fahren wir mit den Rädern, denn an einem Samstagmorgen mit Rädern und Gepäck in den Bus zu steigen scheint wenig verlockend. Außerdem können wir so schon mal testen, wie sich das Gesamtequipment anfühlt. Was wir da noch nicht wissen: Dieser Teil der Strecke wird sich letztlich als der entspannteste herausstellen. Am Hauptbahnhof angekommen, läuft also erst mal alles wie am Schnürchen. Es gibt sogar Mitarbeiter der Deutschen Bahn, die beim Einsteigen mit den Fahrrädern helfen. Wenn jetzt auch noch der Zug pünktlich losführe, wäre der Abschied von Köln perfekt. Schon in der App hatte ich allerdings gesehen, dass er fünf Minuten Verspätung hat. Als wir am Gleis warten, sind schon 15 daraus geworden. Damit schrumpft auch unsere halbe Stunde Zeit für den Umstieg auf die Hälfte zusammen ...

Schließlich im Zug angekommen, werden wir direkt von anderen Reisenden mit Rad herzlich aufgenommen.

Man hilft sich, man quatscht ein bisschen – irgendwie eine Community, zu der wir jetzt dazugehören. Leider sind unsere Sitzplätze ja aber nicht in der Nähe der netten Fahrradgruppe, sondern am anderen Ende des Zuges. Bepackt mit unseren riesigen Rucksäcken, den Satteltaschen und einer Tasche mit Proviant, beginnen wir den Marsch durch den sehr vollen Zug. Wir kämpfen uns durch Automatiktüren, die nicht aufgehen wollen, bekommen diverse Schwingtüren ins Gesicht, steigen über Bierkästen von feierwütigen Reisegruppen, entschuldigen uns bei Mitreisenden, weil wir sie unsanft mit unseren Rucksäcken rammen. Ich muss tatsächlich erst lernen, mit dem riesigen Ding auf meinem Rücken gesellschaftstauglich umzugehen.

Endlich bei unseren Plätzen angekommen, machen wir einen Uhrenvergleich. 20 Minuten haben wir für die gesamte Strecke gebraucht. Umsteigen müssen wir in Osnabrück. Wir planen akribisch, wann wir den Weg zurück zu den Fahrrädern antreten müssen. Und kommen zu dem Schluss: Etwa 30 Minuten vor Ankunft in Osnabrück müssten alle in Münster Zugestiegenen sich sortiert haben, gleichzeitig dürften die frühen Aufsteher noch sitzen. So ist es dann auch. Einigermaßen geschmeidig gelangen wir wieder in den Fahrradwaggon, wo ganz schön viele Räder dazugekommen sind: Wir müssen unsere Fahrräder erst mal freischaufeln. Auch an dieser Stelle erleben wir die Solidarität unter Fahrradfahrern. Eine Gruppe Holländer packt sofort mit an, und so stehen wir rechtzeitig bei Ankunft in Osnabrück startklar an der Tür und kurz darauf auf dem Gleis.

Weiter geht es mit der Regionalbahn, allerdings auf einem anderen Gleis, zwei Etagen tiefer. Gestresst durch die Verspätung und die damit verkürzte Umsteigezeit, beschließt mein Mann, dass er unsere Räder nacheinander die Treppen hinuntertragen will, auch weil er auf Anhieb nur einen Lastenaufzug sieht, der von Reisenden nicht benutzt werden darf. Als er das erste Fahrrad hinuntergeschleppt hat und wieder hochkommt, um sich das Rad unseres Sohnes zu schnappen, sage ich: »Weiter hinten gibt es einen Aufzug. Geht ihr schon mal vor, ich nehme den.« Ein Fehler, der uns kurze Zeit später fast die Weiterfahrt kostet. Mein Mann will mich aufhalten, aber Zeit zum Diskutieren bleibt nicht, zumal ja sein Fahrrad schon unbeaufsichtigt am Ende der Treppe steht. Wir entschwinden also in unterschiedliche Richtungen. Vor dem Aufzug hat sich eine Schlange aus weiteren Radreisenden, Menschen mit großen Rollkoffern und Familien mit Kinderwagen gebildet. Der Aufzug ist so klein, dass maximal ein Fahrrad mit Gepäcktaschen reinpasst. Und was soll ich sagen: Alle haben Gepäcktaschen. Es dauert also, und die Zeit schmilzt dahin.

Als ich endlich auf der unteren Ebene angekommen bin, verstehe ich nach kurzer Orientierungslosigkeit, dass ich mit einem anderen Aufzug an anderer Stelle wieder hochmuss, um dann von dort zum Gleis 14 zu kommen, von dem die Regionalbahn abfährt. Auch vor diesem Aufzug hat sich natürlich eine Schlange gebildet. Langsam merke ich, dass es eng wird. Ich krame mein Handy aus der Tasche, sehe, dass ich auf lautlos gestellt und schon zehn Anrufe meines Mannes in Abwesenheit hatte, der in dieser Sekunde wieder anruft. Als ich rangehe, schreit er mich an: »Spinnst du? Wo bist du?« Ich beruhige ihn, frage eine Familie mit Kind, ob ich vielleicht vordürfe, weil ich sonst meinen Zug verpasse. Oben angekommen, renne ich mit dem Fahrrad zum nächsten Aufzug, der mich zum finalen Gleis bringen soll. Diesmal keine Schlange, was für ein Glück! Sekunden vor der Abfahrt rollen wir unsere Räder in die Regionalbahn. Unser Sohn hat verheulte Augen. Er hatte Angst, dass ich nicht mehr kommen würde.

Aber wir sind wieder vereint und im richtigen Zug. Glücklicherweise ist auch noch ausreichend Platz für die Fahrräder. Beim Festschnallen hätten wir für meinen Geschmack ein bisschen souveräner sein können, aber da merkt man eben, dass wir so einen Trip zum ersten Mal machen. Wir bekommen sogar Sitzplätze in direkter Nähe. Entspannung macht sich breit, aber nur bis kurz vor der Ankunft in Varel. Das Abteil quillt inzwischen über. Vor unseren Fahrrädern häufen sich weitere Räder, außerdem Kinderwagen und Koffer. Wie sollen wir da schnell genug rauskommen? Während ich alarmiert die Räder los- und den riesigen Rucksack umschnalle, sagt mein Mann: »Beruhige dich, jetzt kommt ja der Schienenersatzverkehr, von dem meine Kollegin gesprochen hat. Der wartet auf jeden Fall, der ist ja nur dafür da, die Menschen weiterzubringen, die mit dieser Bahn hier eigentlich direkt bis nach Wilhelmshaven gefahren wären.« Während ich von vorne diese mir einleuchtenden Worte höre, stresst mich eine Mitreisende von links mit dem Satz: »Aber wie das alles klappen soll mit den Rädern und dem ganzen Rest in einem Bus, verstehe ich nicht.« Ich beschwichtige sie und mich selbst: »Wenn die das nicht vorgesehen hätten, hätte ich die Tickets ja nicht mit Fahrrädern bis nach Wilhelmshaven buchen können.« Ob ich mit dieser Hoffnung richtigliege, wird sich gleich zeigen.

Raus also aus der Regionalbahn und hinüber zur Bushaltestelle. Der erste Bus sieht definitiv nicht so aus, als würden da irgendwo noch Fahrräder reinpassen. Ein Mitreisender verweist uns auf den Bus, der weiter hinten steht, und sagt, alle mit Fahrrädern müssten da rein. Wir schieben weiter. Der Bus ist baugleich mit dem ersten. Er hat keine Fahrradstellplätze. Während ich innerlich schon durchdrehe, taucht hinter dem Bus der Busfahrer auf und sagt den schönsten Satz, den ich mir in diesem Moment vorstellen kann: »Ich habe hier einen Anhänger für die Fahrräder.« Gott, bin ich froh. Vollkommen überschwänglich bedanke ich mich für jeden Handgriff des Busfahrers.

Als wir in Wilhelmshaven ankommen, fühlen wir uns euphorisch. Auch wenn es zeitweise anstrengend war, so hat doch bis hierher alles gut geklappt. Siegessicher schieben wir zur richtigen Bushaltestelle. Unsere Linie ist schon da, macht aber noch Pause. Für uns die Gelegenheit, schon mal einen Blick reinzuwerfen und nach den Fahrradplätzen zu suchen. So richtig viel Platz ist nicht, aber es wird schon gehen. Denken wir. Ungefähr zehn Minuten lang. Und dann entdecken wir die Aufkleber auf der Tür: ein Fahrrad, von einem roten Kreuz überdeckt. »Nicht euer Ernst«, denke ich. Und ärgere mich über mich selbst. Ich habe diesen Trip nicht bis zum Ende recherchiert, weil wir bei unserem letzten Aufenthalt in der gleichen Linie saßen und das ein ganz normaler Linienbus mit Fahrradstellplätzen in der Mitte war.

Erster Reflex: einen auf Mitleid machen beim Busfahrer und schauen, ob er uns trotzdem mitnimmt. Während mein Mann und ich diese Option in Erwägung ziehen, sagt unser achtjähriger Sohn: »Lasst uns den Rest doch einfach mit dem Fahrrad fahren. Ich schaffe das.« »Du schon, aber was ist mit mir?«, denke ich und höre mich gleichzeitig sagen: »Ach komm, wenn du sagst, das geht, dann geht das auch.« Noch 25 Kilometer sind es bis zum endgültigen Ziel. Gefahren im Kindertempo, mit Backpacking-Rucksäcken und bei grauem Himmel, erste Tropfen prasseln auf uns nieder. Fuck, fuck, fuck. Nach fünf Kilometern passiert was mit meinem Sattel. Er sackt nach hinten weg. Das macht die kommenden 20 Kilometer zu einer echten Tortur. Natürlich haben wir kein Multifunktionswerkzeug dabei – wir sind blutige Anfänger. Zumindest kommt die Sonne irgendwann wieder raus. Das führt aber dazu, dass mir in meinen Reiseklamotten zu heiß wird. Mitten in einer Kleingartensiedlung schreie ich: »Stopp!«, um mich

Wie berechtigt ist das Bahnbashing?

Timing ist nicht unbedingt die Kernkompetenz der Deutschen Bahn. Im Jahr 2018 waren nur knapp 75 Prozent aller Halte pünktlich. Und eine Verspätung ist es überhaupt erst ab sechs Minuten. Nur zum Vergleich: In Japan, China und Taiwan sind 99 Prozent der Züge pünktlich, und schon eine Minute Verspätung zählt als selbige. Aber wir müssen gar nicht so weit weg schauen, um zu sehen, wie es besser funktionieren kann. Im Nachbarland Niederlande sind 91 Prozent der Züge pünktlich. Was auch daran liegen dürfte, dass schon bei einer Stunde Verspätung der volle Fahrpreis erstattet wird.

Eine Studie von 2019 zum Zustand der Deutschen Bahn, die von der Bundestagsfraktion der Grünen in Auftrag gegeben wurde, kommt zu dem Ergebnis, dass seit Jahren zu wenig Geld in den Konzern gesteckt wurde. Die Folgen: Es mangelt an Personal, Material und Infrastruktur. Die Allianz pro Schiene sagt, dass im Jahr 2018 pro Bürger 77 Euro in den Schienenverkehr investiert wurden. In der Schweiz sind es 365 Euro. Vergleicht man innerhalb von Deutschland die Ausgaben in Straßen und Schienen, erkennt man immer noch einen Fokus auf die Straßen: 54,7 Prozent der Investitionen flossen 2018 in den Erhalt, Neu- und Ausbau von Straßen. Für die Schiene blieben 45,3 Prozent.

Unabhängig von Zahlen finde ich: Schon eine bessere Kommunikation seitens der Bahn würde einiges verbessern. Wie oft ich schon an Bahnhöfen gestanden oder in stillstehenden Zügen gesessen habe und nicht wusste, was eigentlich das Problem ist ... Das nervt und ist vor allem total überflüssig. Umgekehrt beobachte ich an mir selbst und auch bei anderen, dass sofort Entspannung eintritt, sobald man wirklich weiß, was los ist.
Was wir als Kunden lernen müssen: unser *mindset* zu ändern. Weil es so viel Bahnbashing gibt und weil ja auch tatsächlich einiges schiefläuft, gehe auch ich oft mit der Haltung zum Gleis: »Mal sehen, was heute wieder nicht klappt.« Meine Erwartung ist also schon negativ. Und das wird dann am Ende zur sich selbst erfüllenden Prophezeiung. Denn ich muss ehrlich sagen: Ganz oft passiert auch überhaupt nichts Schlimmes. Und zur Ehrlichkeit gehört auch dazu, sich einzugestehen, dass die Alternativen nicht besser sind. 2018 gab es laut ADAC im Schnitt pro Tag 4200 Kilometer Staus auf deutschen Straßen. Die Ausfälle und Verspätungen der Flieger nehmen dramatisch zu. Und weder im Auto noch im Flugzeug kann man die Reisezeit so effektiv nutzen wie in der Bahn. Schon oft habe ich meine produktivsten Arbeitsstunden im Zugabteil verbracht. Also, einfach mal locker machen und: *think positiv!*

dann auf freier Strecke kurzerhand umzuziehen. Unserem Sohn bin ich sichtlich peinlich. Weiter geht's in Sportklamotten, und es geht erstaunlich gut. Nach zwei Stunden und zehn Minuten kommen wir am Ferienhaus an. Durchgeschwitzt, alle drei mit fiesen Nackenschmerzen aufgrund des monströsen Gepäcks, aber glücklich und stolz. Vor allem unserem Sohn klopfen wir beim Abendessen mehrfach auf die Schulter.

Dass wir diese leicht vermurkste Anreise überhaupt erlebt haben, ist im Übrigen nur der Kompromissbereitschaft meines Mannes und unseres Sohnes zu verdanken. Die beiden hatten kurz zuvor eigentlich einen Bahnboykott ausgerufen. Es passierte bei einer katastrophalen Rückreise von einem Kurztrip, bei der wir nach diversen Verspätungen, Umleitungen und anderen Ärgernissen erst mitten in der Nacht in Köln ankamen. Mein Mann hätte eigentlich direkt am Bahnhof bleiben können, weil sein Zug gen Süden, den er aus beruflichen Gründen nehmen musste, nur wenige Stunden später losfuhr. Unser Sohn hing damals todmüde in unseren Armen und sollte am nächsten Tag wach und aufmerksam in der Schule sitzen. In dem Moment waren die beiden sich einig: »Du kannst uns mal mit dem ewigen Bahnfahren! Wir machen diesen Scheiß nicht mehr mit!« Ich habe vorsichtshalber erst mal den Kopf eingezogen und nichts weiter gesagt. Einige Zeit später, als alle sich wieder beruhigt hatten, habe ich nicht nur den Sommerurlaub mit Fahrrad an der Nordsee ins Rennen geworfen, sondern ein paar Tage später gleich die nächste Stufe gezündet: »Wollen wir im nächsten Jahr nicht mal wieder nach Portugal? Da kann man super mit der Bahn hinfahren. Über Paris und dann von dort mit dem Nachtzug weiter.« Was soll ich sagen: Das Ferienhaus in Portugal ist inzwischen gebucht. Die Bahntickets liegen noch außerhalb des Planungskalenders der Bahn, aber bei Paris und Nachtzug war unser Sohn direkt Feuer und Flamme. Dass er davor panisch gefragt hatte: »Fliegen wir jetzt eigentlich nie wieder?«, hatte er da schon längst wieder vergessen. Das richtige Timing ist einfach unerlässlich im Leben.

Die Sache mit dem Fliegen

Das Wort »Flugscham« geistert seit Fridays for Future durch die Welt. Ich kann für mich und meine Familie sagen: Wir werden nicht nie wieder fliegen. Ich werde unsere Reisefreiheit nicht derart einschränken. Das möchte ich weder für mich noch für unseren Sohn. Und für meinen Mann, der in der DDR aufgewachsen ist, hätte so eine selbst auferlegte Beschränkung etwas extrem Beklemmendes. Deutlich weniger zu fliegen halte ich aber für durchaus zumutbar.

Ich bin bis zum Eintritt ins Berufsleben gar nicht geflogen, und mir hat nie etwas gefehlt. Da meine Eltern selbstständig waren, sind wir nur äußerst selten überhaupt in den Urlaub gefahren. Wenn es doch mal auf

Ablasshandel versus Verzicht

Der Klimawandel macht einem Großteil der Menschen Angst. Das zeigt eine Umfrage der Deutschen Akademie der Technikwissenschaften von 2019. Dementsprechend behaupten viele der Befragten, dass sie bereit seien, ihr Mobilitätsverhalten zu verändern.

Und dennoch: Im Jahr 2019 werden voraussichtlich sogar mehr Flugreisen gebucht als im Vorjahr. Gleichzeitig gibt es bei den Anbietern, die eine Kompensation anbieten, enorme Zuwächse. Die Non-Profit-Organisation atmosfair berichtet von einer Verdopplung der Ausgleichszahlungen. Das Lippenbekenntnis wird also zum Ablasshandel. Immerhin: Mit der Ausgleichszahlung wird den Reisenden bewusst, wie der wahre Preis für ihr Flugticket aussehen müsste. Besser als nichts. Dennoch bleibt es eine Notlösung – was atmosfair auch deutlich kommuniziert: Sie werben dafür, klimaschädliches Verhalten zuallererst zu reduzieren, um dann nur das zu kompensieren, was sich wirklich nicht vermeiden lässt. Aus diesem Grund lassen sich übrigens auch Kreuzfahrten und Inlandsflüge bei atmosfair nicht mehr ausgleichen.

Reisen ging, dann nur im deutschsprachigen Raum und immer mit dem Auto. Als Jugendliche war ich bei so einigen Ferienfreizeiten dabei: Frankreich, Österreich, Schweden, Holland – immer schön im Reisebus. Erst mit Eintritt ins Berufsleben fing das mit dem Fliegen an. Viel Reisen gehörte zu meinem Beruf als Reporterin dazu. Und Zugfahren stand für die hausinternen Reisebüros der Fernsehsender damals überhaupt nicht zur Debatte. Sogar innerdeutsch wurde ausschließlich geflogen.

Als ich einige Zeit vor meiner Kündigung bei RTL anfing, beim Reisebüro Bahntickets zu buchen, kam das einer Revolution gleich. »Haste gehört, die Moderatorin möchte Zug fahren …« Ja, genau, das möchte sie. Sosehr ich mir am Anfang meiner Karriere dabei gefiel, mein Reporterleben mit Fotos von zahlreichen Flughäfen und exotischen Drehorten bei Social Media zu zeigen, so sehr gefalle ich mir heute dabei, wenn ich mal wieder eine ganze Reise mit Bahn und ÖPNV geschafft habe und das sogar zu Reisezielen außerhalb von Deutschlands Metropolen. Das ist zu einer Art Challenge mit mir selbst geworden. Angekommen freue ich mich oft wie ein kleines Kind und klopfe mir selbst auf die Schulter.

Für viele meiner Moderationen oder Vorträge hat das sogar einen ganz praktischen Mehrwert: Ich habe sofort einen Eindruck davon, wie eine Region mobilitätstechnisch funktioniert – oder auch eben nicht. Letztgenannter Fall schenkt mir dann zumindest einen lustigen Einstieg für meinen Job auf der Bühne. Beruflich habe ich das Fliegen seit meinem Ausstieg beim Fernsehen auf null reduziert. Privat sind wir im Schnitt einmal im Jahr geflogen und haben kompensiert, also Geld gespendet für Projekte, die den CO_2-Ausstoß ausgleichen. In diesem Jahr versuchen wir es ganz ohne Flugreise, und im kommenden Jahr geht's ja dann mit dem Nachtzug nach Portugal.

Ich und mein Auto

Der Weg zu einer Mobilität ohne eigenes Auto war hart für mich. Ich bin auf dem Land aufgewachsen. Einen Führerschein zu haben und mit irgendeiner Klapperkiste von Dorfdisco zu Dorfdisco fahren zu können war dort der Inbegriff von Freiheit. Wer vom Land kommt, weiß: Bus und Bahn fahren dort schon lange nicht mehr, wenn die Party gerade erst anfängt. Es war also vollkommen klar, dass ich mit dem Tag meines 18. Geburtstags auch den Lappen in der Hand halten musste. Von meinen Eltern bekam ich den Schlüssel zu einem uralten weinroten Golf, der zur Fahrzeugflotte unseres Baustoffhandels gehörte und den ich fortan benutzen durfte, wenn ich es denn schaffte, die Kaltstarthilfe, den sogenannten Choke, zu bedienen. Darüber hinaus standen zwei weitere Autos in der Garage. Meine Eltern hatten immer zwei Autos, wie die meisten anderen Eltern auf dem Land auch. Wie sollte man sonst alles geregelt bekommen? Zur Arbeit fahren, die Kinder zu sämtlichen Hobbys und Freunden kutschieren, Einkaufen … So verrückte Sachen wie Sharing oder Fahrgemeinschaften kamen in unserem Wortschatz überhaupt nicht vor. Ein Leben ohne Auto oder auch schon nur mit einem statt zweien – unvorstellbar. Auf den alten roten Golf mit Choke folgten ein schwarzer Golf, ein hellgrüner Polo, ein tiefergelegter Citroën in Schwarz (auf dem Land war das nicht so peinlich, wie es jetzt klingt) und irgendwann viel später mein Traumauto: ein Volvo Kombi. Mein Geld reichte nicht für den ganz großen Traum, einen V70. Es wurde ein V50, und ich war unendlich stolz.

Das war übrigens das erste Mal, dass ich so was wie Gefühle für ein Auto hatte. Bei uns zu Hause war es zwar Usus, dass meine Mutter unseren jeweiligen Autos Namen gab und sie damit irgendwie zu Familienmitgliedern ernannte. Für mich waren die Blechkisten aber immer nur Mittel zum Zweck – bis zu ebenjenem Volvo. 2007 habe ich ihn in Berlin gekauft, nagelneu und inklusive Familienplanung. Ich erinnere mich noch gut, dass ich dem Händler Ledersitze in den Kaufvertrag diktierte, damit ich später die Kinderkotze besser wegwischen könne – einen gewissen Pragmatismus hatte ich schon immer. Wer konnte damals ahnen, dass ich erst vier Jahre später Mutter werden und nicht lange danach dieses Auto verkaufen und gegen ein Lastenrad tauschen würde?

Der heiß geliebte Kombi war mir ein treuer Begleiter, und unser gemeinsames Leben entwickelte sich genau so, wie ich mir das immer erträumt hatte. Ich fand ihn optisch toll, auch seine inneren Werte stimmten, er musste nur selten zur Reparatur, und ich fühlte mich bei ihm sicher und geborgen. Die perfekte Beziehung. Sogar als wir Eltern werden, den Ledersitzen sei Dank. Und doch ist irgendwann die Luft raus. Wir haben uns auseinandergelebt. Mein Engagement für die Klimaschutzcommunity Köln ist der Anfang vom Ende. Bei einer Presseveranstaltung komme ich als Botschafterin mit Kölnern ins Gespräch. Was jeder Einzelne zum Klimaschutz beitragen könne, ist die Frage. Und nicht wenige erzählen mir, dass sie längst kein eigenes Auto mehr hätten, weil das in einer Großstadt wie Köln vollkommen überflüssig sei. Heimlich, still und leise beginnt es in mir zu arbeiten. Ist das wirklich so leicht, ein Leben ohne eigenes Auto? Wäre das nicht der nächste wichtige und richtige Schritt in Richtung Nachhaltigkeit?

Einige Wochen später fährt mir die Entscheidung praktisch vor die Füße. Gemeinsam mit Freunden verbringen wir ein Wochenende in Berlin. Es ist warm, wir sitzen zum Essen draußen. Mittendrin kommt jemand mit einem Lastenrad angefahren und parkt das Teil direkt in meinem Blickfeld. Es sieht besonders aus, fast ein bisschen futuristisch. Es hat nur zwei Räder, der Kasten ist längst nicht so klobig, wie ich das von anderen Modellen kenne, und verjüngt sich nach vorne. Noch dazu ist es schwarz, was ihm zusätzliche Coolness verleiht. Nicht nur mir ist das Rad aufgefallen. Auch mein Mann und unsere Freunde starren es an. Wir beginnen zu philosophieren: Was wäre, wenn das unser neues Fahrzeug wäre? Wenn wir unser Auto abschaffen würden?

Der Gedanke lässt uns das ganze Wochenende nicht mehr los. Wir spielen alle Szenarien durch, die wir mit unserem Auto verbinden. Einkaufen, Eltern besuchen, Kind, Hobbys, und kommen immer wieder zum gleichen Ergebnis: Alles ist auch ohne Auto machbar, und wir würden so irre viel sparen – CO_2, Geld und Zeit, die wir bislang im Stau vergeuden. In unserer Familienkutsche treten wir die Heimreise an und haben den festen Vorsatz, das Auto zu Hause einfach mal stehen zu lassen für einen handfesten Realitätscheck. Zu diesem Realitätscheck kommt es aber nie, denn zurück in Köln, scheitert mein Vorsatz unentwegt an meiner Bequemlichkeit.

Mein Mann, aufgewachsen in Berlin und schon immer Fahrradfahrer, ist nicht das Problem. Er ist vorher mit dem Rad zur Arbeit gefahren und macht es jetzt auch. Bei mir gehen die Ausreden schon damit los, dass ich kein vernünftiges Fahrrad habe. Meines fährt sich so schwer, der Kindersitz macht es auch nicht besser, und Einkäufe lassen sich damit schon gleich gar nicht bewältigen. Mit dem ÖPNV kenne ich mich nicht aus. Wie lächerlich ist das denn bitte? Ist aber die Wahrheit. Ich habe bislang so selten den öffentlichen Personennahverkehr genutzt, dass ich von Tuten und Blasen keine Ahnung habe. Sobald ich darüber nachdenke, ob ich es vielleicht doch mal mit dem Bus versuche, erscheint mir das alles viel zu anstrengend. Wann fährt dieser Bus denn eigentlich? Wo ist die Haltestelle? Was kostet das? Kann man eigentlich im Bus bezahlen, und geht das auch mit Karte? Während ich mir all diese Fragen stelle, steht das Auto in der Tiefgarage. Zum Greifen nah, nur wenige Meter entfernt. Ich kann

Lastenräder

E-Bikes und Lastenräder erleben einen regelrechten Boom. Der Zweirad-Industrieverband sagt für 2019 ein Wachstum von zwölf Prozent für den Verkauf von E-Bikes voraus. Das liegt auch an diversen Förderprogrammen: Seit 2018 wird die gewerbliche Nutzung eines Lastenrads großzügig unterstützt – im Rahmen der Nationalen Klimaschutzinitiative können zum Beispiel Freiberufler bis zu 2500 Euro Förderung bekommen.
An den Orten, an denen noch keine Förderprogramme laufen, kann der Arbeitgeber weiterhelfen: Über Initiativen wie Jobrad, bei denen sich Firmen ganz einfach anmelden können, können Angestellte Dienstfahrräder leasen. Dabei immer im Programm: natürlich Lastenräder!

direkt aus dem Keller zum Stellplatz gehen. Und jetzt sieht es auch noch so aus, als würde es anfangen zu regnen ... So wird das nichts. Solange das Auto da ist, werde ich nicht umsteigen. DAS AUTO MUSS WEG! Eine bittere Erkenntnis. Eine einschneidende Erkenntnis. Das autoverwöhnte Mädchen vom Land will es jetzt wirklich wissen. Ob das gut gehen kann?

Ich beginne Für-und-wider-Listen zu schreiben und hole Informationen ein. Für welchen Preis könnten wir unser Auto verkaufen? Was kostet das sensationelle Lastenrad, das wir in Berlin gesehen haben? Was zahlen wir eigentlich an Kfz-Steuer, Autoversicherung, Sprit, Inspektionen und Reparaturen? Und welche Carsharing-Angebote gibt es, wenn es doch mal ein Auto sein muss? Außerdem löchern insbesondere meine weiterhin auf dem Land lebenden Eltern mich mit Fragen: »Was, wenn du Getränke einkaufen musst? Was ist mit Wocheneinkäufen? Willst du dann jedes Mal ein Auto leihen?« Ebenfalls hoch im Kurs die bange Frage: »Kommt ihr uns denn dann noch besuchen, so ganz ohne eigenes Auto?«

Allen Fragen zum Trotz: Wir haben uns entschieden. Ein Leben ohne eigenes Auto ist möglich. Und wir machen das jetzt. Ich fühle mich beschissen und euphorisch zugleich, als ich Fahrzeugschein, Fahrzeugbrief und die Autoschlüssel beim Händler abgebe, der mein einstiges Traumauto für einen guten Preis an einen neuen Besitzer gebracht hat. Beschissen, weil eine endgültige Trennung sich einfach immer furchtbar anfühlt. Euphorisch, weil ich Lust auf Neues habe und mich jetzt schon auf all das Gute freue, das diese Entscheidung mit sich bringt. Von dem Geld, das wir für das Auto bekommen, können wir uns das elektrische Lastenrad leisten, in das wir uns in Berlin verguckt haben. Und auch mein Mann bekommt ein E-Pedelec – als ausgleichende Gerechtigkeit und weil es Spaß macht.

Für uns beginnt eine neue Ära. Eine Ära ohne eigenes Auto. Und in der ist längst nicht alles Gold, was glänzt. Zumindest lösen sich aber alle Bedenken meiner Eltern schnell in Luft auf. Einkaufen ist problemlos möglich. In mein Lastenrad passt irre viel rein. Ich habe schon die gesamten Alkoholvorräte für eine Party darin transportiert – und ich habe trinkfeste Freunde. Hinzu kommt, dass wir fast täglich kleine Mengen Lebensmittel einkaufen. Hat neben der Platzersparnis den Vorteil, dass wir kaum Essen in den Müll schmeißen. Die berühmten Wasserkisten müssen wir nicht transportieren, weil wir nur stilles Wasser trinken, und das kommt aus der Leitung, und man könnte es ja auch mit einem Wassersprudler simpel und ohne Schleppen aufbereiten. Und wenn es dann doch der Kasten Sprudelwasser oder Limo oder Bier sein muss: geht. Passt auch ins Lastenfahrrad. Ohne Kind sogar zwei bis drei davon. Sämtliche Termine – ob die Hobbys unseres Sohnes, unsere eigenen, Verabredungen oder auch Familienbesuche auf dem Land – lassen sich problemlos bewältigen: Der öffentliche Personennahverkehr ist besser, als man denkt, und damit eine gute Ergänzung zum Fahrrad. Die meisten Wege können wir mit Bus und Bahn zurücklegen und sind oft sogar schneller da. Ich ertappe mich bis heute dabei, dass ich manchmal ganz erstaunt bin, zwischen welchen Orten es gute Verbindungen gibt. Die Digitalisierung macht es uns besonders leicht. Einfach Start- und Zieladresse in eine App eingeben, und fertig. Übrigens gibt es auch zu meinen Eltern eine sehr komfortable Verbindung mit der Regionalbahn – hat bislang nur nie jemand in der Familie so richtig wahrgenommen. Wenn es doch mal zu umständlich wird mit dem ÖPNV, nutze ich Carsharing. Das kann zum Beispiel passieren, wenn ich mitten in der Nacht los muss. Taxi finde ich meist zu teuer. Also miete ich mir ein Auto. Da würde ich mir übrigens wünschen, dass die größten Anbieter großflächig auf alternative Antriebe zum Verbrennungsmotor setzen würden.

Die Regenseiten des Lastenrads

Klingt also alles nach eitel Sonnenschein. Und damit sind wir bei einer der Kehrseiten der Medaille: dem Wetter. Das kann ja durchaus mal schlecht sein. Durch den Klimawandel nehmen sogar Unwetter zu. Und so kann es zu folgenden Situationen durchaus häufiger kommen …

In der Sekunde, als wir mit dem Lastenrad losfahren, fängt es an zu schütten. Es regnet in Strömen, der Wind peitscht mir die Regentropfen ins Gesicht. Und zu allem Überfluss mischen sich auch noch Hagelkörner dazwischen und tun richtig weh. Dann ein Blitz, gefolgt von Donner. Mein Sohn, der zusammen mit einem seiner Cousins vorne drinsitzt, schreit: »Mama, ich hab Angst.« Ich finde seine Gefühle weiß Gott nicht abwegig, sage aber mütterlich beruhigend: »Musst du nicht. Uns passiert nichts.« Eigentlich schreie ich die Worte. Gegen den Wind, damit er mich überhaupt hört. Trotz des Unwetters kommen wir unversehrt beim Schlagzeugunterricht an, wenn auch emotional aufgewühlt. Die Kinder sind sogar trocken geblieben, denn das Lastenrad hat ein Regendach. An mir hingegen läuft das Wasser nur so runter, das Make-up ist verschmiert, der Mantel durchweicht, ich fühle mich wie ein begossener Pudel. Das ist definitiv einer der Momente, in denen ich mich dafür verfluche, das Auto abgeschafft zu haben, mindestens aber dafür, an diesem Tag nicht auf Carsharing gesetzt zu haben.

Natürlich ist das Wetter nicht das einzige Problem. Auch ich finde es furchtbar, wenn die Straßenbahn bumsvoll ist und ich neben Menschen stehe, die Deo oder Seife für eine überflüssige Erfindung halten. Auch ich bin tödlich genervt, wenn Mitmenschen in öffentlichen Verkehrsmitteln null Rücksicht auf andere nehmen und lautstark ewig lange Telefonate führen, mit Inhalten, die einfach überhaupt nicht für fremde Ohren bestimmt sind. Ich weiß von einigen mir völlig unbekannten Personen in Deutschland, warum ihnen gekündigt wurde, und ich hätte schon bei diversen Elektroplanungen fürs Haus eingreifen können, weil ich die Ideen des Bauherrn dazu für suboptimal gehalten habe. Ganz ehrlich, in diesen Momenten sehne ich mich nach Ruhe, nach guten Düften, nach Sauberkeit, nach Einsamkeit – allein im eigenen Auto.

Und auch das Thema Angst lässt mich gelegentlich ein Auto zurückwünschen. Je älter unser Sohn wird, desto mehr will ich ihn selbst Fahrrad fahren lassen. Deshalb habe ich zusätzlich zum Lastenrad inzwischen auch ein normales Rad, mit dem ich neben unserem Sohn herfahren kann. Aber ich kriege immer noch einen halben Herzinfarkt, wenn ich mit ihm auf jeweils eigenen Rädern im Kölner Straßenverkehr unterwegs bin. Wie in vielen anderen Städten auch haben Autos hier nahezu überall Vorrang und die natürliche Übermacht. Ich muss sehr entspannt sein, um eine gemeinsame Tour mit meinem Sohn zu überstehen. Denn meine vielen Schreie wie »Stopp«, »Achtung«, »Anhalten«, »Sei vorsichtig« stressen mich ungemein. Wirklich sichere Fahrradwege mit einer baulichen Begrenzung und gesetzlich vorgeschriebene Abbiegeassistenten für Lkw wären eine enorme Hilfe. Aber solche Gedanken sind Momentaufnahmen, und es gelingt mir gut, mich schnell auf den Boden der Tatsachen zurückzuholen, indem ich mir die vielen Vorteile meines neuen, zukunftsfähigen Mobilitätsverhaltens vor Augen führe.

1 Es spart unheimlich viel Geld. Allein die Abschaffung des eigenen Autos spült pro Jahr horrend viel frei gewordene Kohle in die Familienkasse. Selbst eine rege Nutzung von ÖPNV, Carsharing, Rollersharing, Bikesharing, Taxen und sonstigen Angeboten kostet niemals so viel wie ein eigenes Auto. Auch Inspektionen und Reparaturen an den Rädern dazugerechnet, machen den Bock nicht gleichwertig fett.

2 Ich bin deutlich fitter. Weil ich mich einfach viel mehr bewege, auf dem Fahrrad und zu Fuß. Rückblickend halte ich es manchmal für verrückt, für welch kurze Strecken ich früher ins Auto gestiegen bin. Sogar bei gutem

Wetter, einfach weil es da war. Hätte ich damals schon einen Schrittzähler gehabt, ich hätte regelmäßig eine Krise bekommen. Heute laufen sich die empfohlenen 10.000 Schritte pro Tag fast von selbst.

3 Ich bin glücklicher. Das hat mehrere Gründe: Ich verschwende keine wertvolle Lebenszeit mehr im Stau. In Berlin standen Autofahrer im Jahr 2018 im Schnitt 158 Stunden im Stau. Sind wir eigentlich irre? Niemand weiß, wie viel Zeit er oder sie überhaupt hier auf Erden hat. Da bin ich doch nicht so bekloppt und setze mich einen Großteil davon in ein Auto und warte darauf, dass es weitergeht. Ich bin auch deshalb glücklicher, weil ich mehr Begegnungen mit Menschen habe. Klar gibt es auch schräge Zusammentreffen, auf die ich durchaus verzichten kann. Aber ganz grundsätzlich brauchen wir wieder mehr Miteinander. Und das fängt im ganz Kleinen an. Mit einem Lächeln, einem »Guten Tag«, einem Hilfsangebot oder einfach einem kurzen netten Plausch.

Autofrei nur in der Stadt?

Sogar meine Eltern, die mit den skeptischen Fragen, die auf dem Land leben, habe ich zu einer einschneidenden Veränderung inspiriert: Sie haben eines von zwei Autos abgeschafft und dabei Freiheit eingebüßt, denn entweder planen sie nun alles zu zweit, oder sie sprechen sich zumindest sehr genau ab. Und vielleicht müssen oder möchten sie auch irgendwann den Führerschein ganz abgeben. Was dann? Sitzen sie dann zu Hause fest? Ich verliere mich in Zukunftsspekulationen und merke, dass die Frage nach einem autofreien Leben draußen auf dem Land noch mal eine ganz andere Geschichte ist.

Um meinen wilden Spekulationen ein Ende zu bereiten, treffe ich mich mit Prof. Stephan Rammler. Er gehört zu Deutschlands bekanntesten Mobilitäts- und Zukunftsforschern und ist wissenschaftlicher Direktor des Instituts für Zukunftsstudien und Technologiebewertung. Für ihn ist ganz klar: Mobilität ist einer der Kernbereiche, den wir dringend bearbeiten müssen, wenn wir die Zukunft nachhaltig gestalten wollen. Für ihn geht es bei den 46 Millionen Privat-Pkw auf unseren Straßen nicht in erster Linie darum, Verbrennungsmotoren in alternative Antriebe zu tauschen. »Vor allem müssen wir die Anzahl der Autos im Privatbesitz drastisch reduzieren. Wir haben eine Gesellschaft geschaffen, die total abhängig ist von privater, fossiler Automobilität.«

Dass eine neue Form von Mobilität möglich ist, beweisen schon jetzt autofreie Städte und Stadtteile. Aber diese großen Transformationsprozesse spielen sich bislang eben nur in urbanen Räumen ab. Im ländlichen Raum gibt es bislang kaum oder gar keine Alternativen zum privaten Fuhrpark. Was also muss passieren, damit sich endlich auch dort was tut? Die Antwort ist so kurz wie einleuchtend: »Wenn Mobilität auf dem Land sich verändern soll, muss die Bevölkerung das einfordern. Nur wenn die Bewohner einer Kommune öffentlich sagen :›Wir wollen mehr Busse, Bahnen und Sharingangebote‹, werden die Politiker sich auch trauen, dafür Geld auszugeben. Insgesamt muss das ein Prozess sein, bei dem die Bevölkerung dauerhaft eng mit einbezogen wird.« Die Voraussetzungen und Bedürfnisse sind dabei so individuell, dass es nur gemeinsam gelingen kann, sinnvolle Konzepte zu entwickeln.

Ich denke an meine Eltern und frage, ob autonomes Fahren nicht gerade auf dem Land eine gute Sache sei. Der Zukunftsforscher hat dazu eine ganz klare Meinung: Warum sollten wir auch dort noch menschliche Arbeitskraft wegrationalisieren, wenn ohnehin durch zahlreiche Transformationsprozesse viele Menschen ihre Jobs verlieren werden? Ohnehin sei autonomes Fahren nur mit extrem hohem ökonomischem Aufwand umsetzbar. Wir sollten dieses Geld eher in bessere Infrastruktur stecken, beispielsweise für mehr Ridesharing auf dem Land – mit echten Menschen hinterm Steuer.

Doch bevor Menschen im ländlichen Raum aufstehen und Alternativen zum eigenen Auto einfordern, müssen sie erst mal erleben, was ihnen entgeht, wenn sie sich nicht dafür einsetzen. Auch dazu hält Stephan Rammler eine spannende Erkenntnis bereit: Freizeit- und Tourismusregionen werden eine Schlüsselrolle für die Mobilität der Zukunft einnehmen. »Diese Regionen sind wie kleine Reallabore. Sie können Menschen in einer ganz entspannten Situation – im Urlaub – abholen und sagen: Probiert doch mal ein Pedelec oder ein Auto mit alternativem Antrieb, oder Ridesharing.« Das Ausprobieren in dieser entspannten Atmosphäre leiste wertvolle Überzeugungsarbeit, die im stressigen Alltag deutlich seltener gelingt. Einen breiten Effekt könne man dabei aber nur erwarten, wenn auch die Anreise in die Urlaubsregion nicht mit herkömmlichen Mitteln wie dem Auto erfolge. Einfach heruntergebrochen: Wer das Auto in den Urlaub mitbringt, wird es auch vor Ort benutzen. Andere Fortbewegungsmöglichkeiten spielen dann keine Rolle mehr. Damit landen wir wieder bei der Bahn und der Forderung, dass deren Nutzung attraktiver werden muss – sowohl im Komfort als auch preislich.

Was selten zum Ziel führt, ist Druck, davon ist Stephan Rammler überzeugt: »Wir können Menschen nicht einfach zwingen, ihr Mobilitätsverhalten zu ändern. Wir können nur zeigen, wie gute Wege aussehen können, wo Alternativen sind, die uns weiterhin ein gutes Maß an Lebensqualität, Wohlstand und Gerechtigkeit bieten und damit eine dauerhafte Lebensperspektive für uns und unsere Kinder ermöglichen.« Erst wenn tragbare Alternativen angeboten werden, kann Stück für Stück auch Druck aufgebaut werden, um den Menschen einen Schubs in die richtige Richtung zu geben.

Viertes Kapitel

Natürliche Körperpflege – funktioniert das auch bei Akne?

Als das Paket geliefert wird, bin ich froh, dass es von außen so dezent beschriftet ist. Der Paketbote muss ja nicht unbedingt wissen, was er mir da gerade überreicht. Obwohl: Die Menstruationsunterwäsche, die sich in dem Paket befindet – Slips mit eingebauter Saugfunktion –, gelten gerade als der absolut neueste heiße Scheiß.

Dass ich sie bestellt habe, überrascht mich selbst ein bisschen, denn bisher sind für mich immer Tampons das Mittel der Wahl gewesen – inzwischen zwar seit vielen Jahren in der Biovariante, also aus zertifizierter Biobaumwolle und ohne Schadstoffe, aber zu mehr Veränderung war ich bislang nie bereit. Natürlich ist der Hype um die sogenannten Menstruationstassen nicht an mir vorbeigegangen. Zu Recht wird über den immensen Abfallberg diskutiert, den Hygieneprodukte erzeugen. Etwa sieben Milliarden Tampons landen weltweit jedes Jahr auf den Mülldeponien – ein guter Grund, um nach Alternativen zu suchen, und bei Menstruationstassen dezimiert sich der Ressourcenverbrauch drastisch. Für mich ist die Verwendung so einer Menstruationstasse aber ausgeschlossen. Irgendwas in mir sträubt sich einfach dagegen. Ganz grundsätzlich. Vor allem aber möchte ich mir nicht vorstellen, das Ding in öffentlichen Toiletten am Gemeinschaftswaschbecken auszuspülen. Dass das nicht so prickelnd ist, haben auch die Hersteller der Cups erkannt und verkaufen deshalb jetzt Reinigungstücher, was dann schon wieder für mehr Müll sorgt. Aber ich will da gar nicht päpstlicher werden als der Papst. Ich möchte einfach keine Menstruationstasse. Punkt.

Beim Thema Menstruationswäsche spüre ich aber deutlich weniger Abneigung. Deshalb ist es einen Versuch wert. Und der startet, unmittelbar nachdem der Paketbote mir den Slip in die Hand gedrückt hat. Erster Eindruck: sitzt gut, angenehmer Stoff, und beim Gehen knistert auch nichts. Ich erinnere mich noch dunkel an Teenagerzeiten, in denen ich auch Binden ausprobiert habe. Einige haben doch tatsächlich so Windelgeräusche verursacht. Geht gar nicht. Dass die Menstruationsslips durch die enthaltene Membran etwas dicker sind, merkt man auch erstaunlich wenig. Also erst mal Daumen hoch.

Der ökologische Blutfleck

Das Unternehmen Einhorn, das vor allem durch Kondome bekannt wurde, inzwischen aber auch Periodenprodukte verkauft, hat für interne Zwecke eine Berechnung des »ökologischen Blutflecks« für ein Jahr Menstruation angefertigt, die den ökologischen Fußabdruck der gängigsten Menstruationsprodukte vergleicht. Obwohl es selbst darauf hinweist, dass das eine erste Berechnung mit so einigen blinden Flecken ist, finde ich den Vergleich sehr interessant, denn die Ergebnisse zeigen einen klaren Trend.

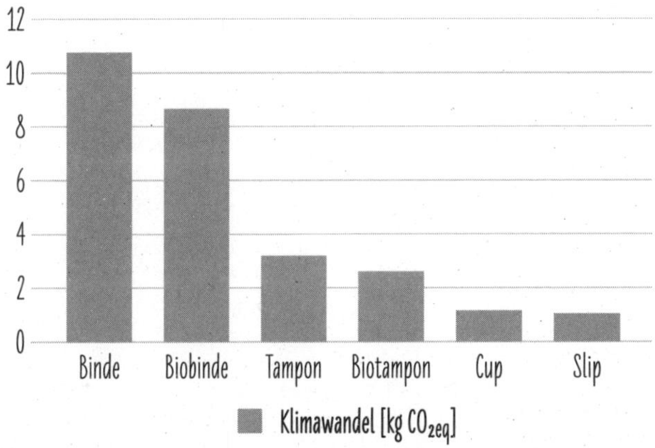

Quelle: https://einhorn.my/oekologischer-blutabdruck/

Schon zwei Stunden später kommt dann eine härtere Bewährungsprobe auf das neue Höschen zu: Ich habe Rückenschmerzen und deshalb einen Termin beim Physiotherapeuten. Mit Tampons gehe ich da vollkommen entspannt hin. Aber jetzt? Läuft da auch wirklich nichts aus? Und kann mein Gegenüber vielleicht was riechen? Etwas verunsichert, entkleide ich mich, um auf der Massageliege Platz zu nehmen. Meine Angespanntheit ist nicht die beste Voraussetzung, um Rückenverspannungen lösen zu lassen ... Ich versuche, mir nichts anmerken zu lassen, und konzentriere mich auf den Schmerz im Nacken. Das gelingt ganz gut. Erst als ich die Praxis wieder verlasse, fällt mir ein: Da war doch was! Aber eigentlich war da gar nichts. Kein Geruch und auch ansonsten keine Auffälligkeiten.

Am Abend droht der nächste kritische Moment: Ich muss den getragenen Slip fürs Waschen vorbereiten. Der Hersteller rät, die Unterwäsche mit kaltem Wasser auszuwaschen, bevor sie bei 30 Grad in die Waschmaschine darf. Auch hier gibt es also die gefürchtete Situation am Waschbecken. Zwar wird man kaum in die Verlegenheit kommen, den Slip in öffentlichen Toiletten ausspülen zu müssen, aber auch zu Hause geht es mir irgendwie gegen den Strich. Schlussendlich ist es dann aber doch nicht so schlimm, und das Höschen kommt wie neu wieder aus der Waschmaschine. Während es trocknet – ich habe zu Testzwecken nur eines bestellt –, greife ich auf die altbewährten Biotampons zurück.

Am nächsten Tag geht's aber mit Menstruationsslip und der nächsten Bewährungsprobe weiter: Sport, eine Stunde Joggen. Die Zeit vergeht unspektakulär. Ich habe schlichtweg überhaupt keinen Unterschied zum Joggen mit Tampon wahrgenommen. Und irgendwie beeindruckt mich das. Auch der Rest des Tages verläuft unauffällig, was ja das beste Ergebnis ist. Die meiste Zeit vergesse ist schlichtweg, dass ich keinen »normalen« Slip anhabe. Und selbst nach einem ganzen Tragetag fühle ich mich sauber und sicher. Mehr kann man nicht verlangen. Menstruationswäsche halte ich nach dieser Erfahrung für eine echte Alternative zu Tampons und gebe eine Bestellung für vier weitere Höschen auf. Ab sofort arbeite ich mit einer Art Mischkalkulation: Wenn ich während meiner Periode lange auf Reisen bin, packe ich immer noch gerne Tampons ein. Aber immer öfter kommt jetzt eben auch die Menstruationswäsche zum Einsatz.

DIY-Kosmetik hab ich schon mit 13 abgehakt

Meine ersten Versuche mit selbst gemachter Naturkosmetik beginnen im Teenageralter. Ich leide früh unter Akne, daher probiere ich schon mit 13 nahezu alles aus, was der Markt so hergibt: billige Cremes, teure Cremes, zahlreiche Behandlungen bei der Kosmetikerin. Außerdem verfolge ich die Sendung des Urvaters der Kosmetik-DIY Jean Pütz mit seiner Hobbythek im Fernsehen. Und ja, ich mische jede einzelne Maske und Tinktur zusammen, die der Mann mit dem Schnäuzer gegen Pickel empfiehlt. Fortan kann ich nachmittags keine Schulfreundinnen mehr empfangen, weil ich immer irgendwas vom Selbstgerührten im Gesicht habe und Meilen gegen den Wind nach Teebaumöl rieche. Aber nichts davon hilft, und das belastet mich enorm. Ich perfektioniere ein Leben im Halbdunkeln. Ins Bad gehe ich nur im Schummerlicht, um den Anblick im Spiegel halbwegs zu ertragen. Und ich perfektioniere die Kunst, selbst bei diesen Lichtverhältnissen ein Make-up hinzubekommen, das zwar deckt, aber bei Sonnenschein trotzdem nicht total überschminkt aussieht. Diese Scheu vor Licht steckt so tief in mir drin, dass mein Mann heute noch ständig fragt: »Warum stehst du denn im Dunkeln im Bad?«

Die Antibabypille – der ich inzwischen extrem kritisch gegenüberstehe – bringt mir als Teenager die Rettung. Endlich pickelfrei, endlich wieder flirten, endlich wieder ohne Scheu ins Freibad. Bei so viel Glück ist kein Platz für Bedenken. Bei den Ärzten, die mir das Ding in den folgenden Jahrzehnten verschreiben, übrigens auch nicht. Erst als ich schwanger werden will, setze ich die Pille wieder ab. Und klar: Die Akne kommt mit aller Wucht zurück. Während Elternzeitschriften mir was von strahlender Schönheit in der Schwangerschaft vorgaukeln, sehe ich aus wie ein Streuselkuchen, kämpfe täglich mit den Maskenbildnern gegen das Elend in meinem Gesicht an und lerne, das HD-Fernsehen zu hassen. Trotz der Qualen kommt mein überzeugtes Ja zu Pille und anderen Medikamenten gegen Pickel während und nach der Schwangerschaft ins Wanken. Kann das gesund sein, eine Botschaft des eigenen Körpers einfach radikal zu unterdrücken? Nachhaltig leben heißt doch auch, besser mit den eigenen Ressourcen und der eigenen Gesundheit umzugehen. Müsste ich also nicht auf diesen ganzen Mist verzichten? Müsste ich. Das steht relativ schnell fest.

Aber die Sorge vor einer erneuten Pickelattacke lässt mich noch eine ganze Weile weitermachen mit meinen Bekämpfungsstrategien. Bis etwas Schlimmes passiert: Eine meiner Freundinnen stirbt an Krebs. Ich führe in dieser Zeit ein Gespräch mit einem Hormonspezialisten, das sich tief bei mir einbrennt. Denn er sagt mir klipp und klar: Die Antibabypille befördert die vielen Krebserkrankungen bei Frauen ungemein. Ich weiß, dass verschiedene Experten und Interessengruppen hierzu sehr unterschiedliche Meinungen haben. Aber für mich ist nach diesem Gespräch klar: Die Pille werde ich nicht mehr nehmen. Und ich werde meinen Körper auch nicht weiter mit schädlichen Inhaltsstoffen in Kosmetikprodukten belasten. Naturkosmetik muss her.

Eine weitreichende Entscheidung, denn: Meine Haut ist ja nicht ganz einfach. Und zu den Pickeln kommt ein vermeintlich neues Problem: Ich bin inzwischen Ende 30, die ersten Falten lassen sich nicht mehr übersehen – und glaubt man all den Werbeplakaten da draußen, ist das ein

Naturkosmetik, was ist das überhaupt?

Es gibt naturnahe Kosmetik und zertifizierte Naturkosmetik. Bei naturnaher Kosmetik verzichten die Hersteller auf einige synthetische Inhaltsstoffe und verwenden vermehrt pflanzliche Stoffe. Zertifizierte Naturkosmetik hält sich an die Standards bestimmter Siegel, die weit über die gesetzlichen Vorschriften für Kosmetik hinausgehen, und wird bei Bestehen regelmäßiger Kontrollen durch diese zertifiziert. Die bekanntesten Siegel sind BDIH, Natrue, Demeter und Ecocert. Bei ihnen kommen bis auf wenige geregelte Ausnahmen nur Inhaltsstoffe natürlichen Ursprungs zum Einsatz. Das können Öle oder Pflanzenextrakte sein, aber auch weiterverarbeitete Stoffe wie Tenside. Vor allem schreiben die Siegel vor, was alles nicht drin sein darf, weil es entweder unserer Gesundheit oder der Umwelt schadet. Das sind bei all diesen Siegeln Inhaltsstoffe auf Erdölbasis, wie zum Beispiel Polyethylenglykole, kurz PEG, die die Konsistenz von Kosmetika verbessern. Außerdem werden sie als Weichmacher und Bindemittel genutzt. Ebenfalls verboten sind Silikone, die unsere Haut glatter und weicher erscheinen lässt. Darüber hinaus sind Mikroplastik und viele Konservierungsstoffe verboten, ferner sind nur mineralische Lichtschutzfilter erlaubt. Je nach Siegel muss zudem ein Teil der Inhaltsstoffe aus biologischem Anbau stammen.

Riesenproblem, das es ebenfalls zu lösen gilt. Naturkosmetik soll allerdings gegen Pickel und Falten deutlich wirkungsloser sein als konventionelle Produkte. Zum Glück ist mein persönlicher Glaube in Antifaltencremes durch eine berufliche Erfahrung ohnehin zu diesem Zeitpunkt bereits extrem reduziert: Für eine RTL-Sendung habe ich mich schon mal eingehend mit der Frage beschäftigt, welchen falschen Versprechungen der Kosmetikindustrie wir da auf den Leim gehen. Das war sehr ernüchternd. Ich habe damals beschlossen, Falten als Lebenslinien zu akzeptieren und jede neue liebevoll zu begrüßen. Aber Falten hin oder her: Bei Akne kann man viel richtig und viel falsch machen – in vielerlei Hinsicht, aber eben auch, wenn es um die Pflegeprodukte geht. Welche Naturkosmetik für mich die beste ist, will also wohlüberlegt und getestet sein. Damit beginnt ein Ritt durch die Regale. Und die sind inzwischen prall gefüllt: Der Markt für zertifizierte Naturkosmetik ist in den vergangenen Jahren stetig gewachsen. In Deutschland kratzen die Produkte inzwischen an zehn Prozent Marktanteil.

Ich teste mich durch die diversen Töpfe, Tiegel und Fläschchen. Und irgendwas stört mich immer. Manchmal mag ich den Duft nicht. Weil keine künstlichen Duftstoffe verwendet werden, riecht Naturkosmetik einfach anders. Ein anderes Mal sagt mir die Konsistenz oder das Gefühl auf der Haut nicht zu. Einige Produkte rufen sogar allergische Reaktionen hervor – das passiert bei natürlichen Rohstoffen genauso wie bei Chemikalien. Und bei meinem persönlichen Hauptkriterium versagen sie alle: Gegen unreine Haut helfen sie einfach nicht. Ich bin enttäuscht, genervt und gleichzeitig angestachelt. Ums Verrecken will ich eine natürliche Lösung finden. Und die präsentiert mir schlussendlich eine Expertin aus Hamburg, die sich seit Jahren ausschließlich mit Naturkosmetik beschäftigt. Diese Expertin rät mir allen Ernstes zu Gesichtsölen. »Die spinnt!«, ist meine erste Reaktion. Auf fettige Haut Öl draufschmieren? Was ist denn das für eine Idee? Obwohl es mich Überwindung kostet, vertraue ich ihr und lasse mich auf den Versuch ein. Und ich werde ihr auf ewig dankbar sein, denn hochwertige Biogesichtsöle in Kombination mit einer medizinischen, aber trotzdem natürlichen Gesichtspflege sind tatsächlich die Lösung für meine Hautprobleme. Nie zuvor hat sie sich so gut angefühlt und so gut ausgesehen. Regelmäßig werde ich von Freundinnen gefragt, woher mein Glow komme und ob ich was hätte machen lassen. Nee, hab ich nicht. Ich habe einfach nur die richtigen Kosmetikprodukte gefunden. Die Natur hat's im wahrsten Sinne gerichtet.

Hilfe im Plastikmeer

Wenn ich mich frage, ob in einem bestimmten Produkt Plastik enthalten ist, greife ich gerne auf die App Code-Check (https://www.codecheck.info/so-gehts/mobil) oder den Einkaufsratgeber des BUND »Mikroplastik und andere Kunststoffe in Kosmetika« zurück.

Lippenstift ist das Schlimmste

Trotz meiner schönen neuen Haut: Ich schminke mich immer noch. Vor allem für meinen Job als Moderatorin und Speakerin, aber auch privat, wenn ich Lust darauf habe. Und beim Make-up ist das Umschwenken von konventionellen Marken auf Naturkosmetik für mich auch echt nicht ganz einfach gewesen. Meine Erwartungen an Make-up-Produkte sind allein schon deshalb extrem hoch, weil ich jahrelang bei Fernsehsendern professionell geschminkt wurde.

Als ich anfange, nach natürlichen Alternativen zu suchen, finde ich erst mal viele Sachen, die da nicht mithalten können: Wasserfeste Wimperntusche gibt es nicht, weil es dafür Silikone braucht. Besonders gut deckende Produkte und lang anhaltende Farbpigmente – keine Chance. Und dennoch, ich bleibe dran. Denn ich will keinen Mist mehr auf meiner Haut. Für den Start fokussiere ich mich auf das, was am meisten schadet: den Lippenstift. 3,5 Kilo davon isst eine Frau im Schnitt in ihrem Leben. Das passiert einfach beim Lippenlecken – schwups, ist die Farbe oder der Gloss drin im Mund und mit ihm gesundheitsschädliche Stoffe. Also: Weg damit und her mit der Naturkosmetikvariante. Alle weiteren Produkte wie Concealer, Foundation, Lidschatten und Wimperntusche habe ich nach und nach getestet und ausgetauscht. Glücklicherweise sind auch bei der dekorativen Naturkosmetik Angebot und Qualität in den vergangenen Jahren enorm gewachsen, sodass der Umstieg inzwischen kein Problem mehr ist.

Die vielen Argumente für Naturkosmetik gelten natürlich nicht nur fürs Gesicht, sondern auch für den Rest des Körpers. Auch dort vertraue ich schon lange auf zertifizierte Produkte ohne Gedöns. Am wichtigsten ist mir, dass keine Kunststoffe drin sind. Warum zum Teufel sind die überhaupt da drin?

Sie dienen als Schleifmittel, und sie verbessern Glanz und Konsistenz. Ein Duschgel mit Plastik schäumt mehr, Zahnpasta mit Kunststoff soll Beläge besser abschrubben, und im Shampoo verhindert er zum Beispiel das Ziepen, weil sich ein Plastikfilm um das Haar legt. 922 Tonnen Mikroplastik und geschätzt 23.700 Tonnen anderer Kunststoffe werden in Deutschland pro Jahr in Kosmetik eingesetzt.* Die Folgen sind für Mensch, Tier und Umwelt fatal. Was Plastikrückstände mit unseren Körpern und unserer Gesundheit anrichten, ist noch nicht abschließend erforscht, aber schon der Film »Plastic Planet« zeigt auf eindrucksvolle Weise, wie viel Plastikrückstände sich durch unseren ganz normalen Alltag in unseren Körpern ablagern. Dass das für den Organismus nicht gut sein kann, sagt mir mein gesunder Menschenverstand. Vorsorglich sollten wir also mit so wenig Plastik wie möglich in Berührung kommen. Was die Mikroteilchen in den Weltmeeren anrichten, ist hingegen schon deutlich besser erforscht:

* Quelle: Studie des Frauenhofer-Instituts: Mikroplastik und synthetische Polymere in Kosmetikprodukten sowie Wasch-, Putz- und Reinigungsmitteln.

Kunststoff wirkt wie ein Magnet auf Umweltgifte. Die mit zahlreichen Schadstoffen belasteten Teilchen werden dann von Meeresorganismen aufgenommen und verteilen sich im gesamten System. Mikroplastik wurde in Seehunden, Fischen, Muscheln und kleineren Organismen gefunden. Die Auswirkungen sind zahlreich: Laut Studien kommt es zu Gewebeveränderungen, Entzündungsreaktionen und Vergiftungen. Außerdem werden Tiere und Organismen verletzt oder sterben. Durch die Ausbreitung in den Ozeanen landet das Plastik irgendwann auch wieder in unseren Körpern beziehungsweise auf den Tellern, wenn wir Meerestiere essen. Laut Umweltbundesamt kann Mikroplastik sich nie vollständig auflösen, sondern maximal in kleinere Teile zerfallen.

Seit Februar 2019 gibt es zwar, angestoßen durch eine Bundesratsinitiative aus Hamburg und Thüringen, den Auftrag an die Bundesregierung, ein Verbot von Mikroplastik und anderen schwer abbaubaren Polymeren in Kosmetik und Reinigungsmitteln zu prüfen. Einen konkreten Zeitplan und damit eine wirkliche Aussicht auf ein nationales Verbot gibt es aber bisher nicht. Auf EU-Ebene ist man da schon weiter: Im Auftrag der Kommission hat die Europäische Chemikalienagentur die Vielfalt der Mikrokunststoffe und deren Folgen für die Umwelt untersucht. Die Ergebnisse haben zu einem EU-weiten Beschränkungsvorschlag geführt, der alle Kunststoffpartikel betrifft, die einen Durchmesser von 5 Millimetern und weniger haben, und ebenso alle Kunststofffasern, die eine Länge von 15 Millimetern und weniger haben. Sollte dieser Vorschlag verabschiedet werden, könnte die Belastung der Umwelt innerhalb von 20 Jahren um 400 000 Tonnen verringert werden. Das wär doch was!

Wegen der weitreichenden Folgen von Mikroplastik für die Umwelt verzichten inzwischen sogar einige konventionelle Kosmetikhersteller eigenverantwortlich auf Mikrokunststoffe – aber häufig nur bei ausgewählten Produkten, und insgesamt sind es immer noch zu wenige Firmen. Daher: Mit zertifizierter Naturkosmetik ist man auf der sicheren Seite.

Wenn wir über die Belastung der Weltmeere durch Kosmetikprodukte sprechen, müssen wir übrigens auch mal über Sonnencreme reden, denn die ist ein echtes Problem für maritime Ökosysteme. Die chemischen UV-Filter in konventionellen Produkten zerstören Korallenriffe und können auch Fische schädigen. Der Pazifikstaat Palau und die Inselkette Hawaii überlegen daher bereits, das Baden mit Sonnencremes in Zukunft komplett zu verbieten. Da die in Sonnencreme enthaltenen chemischen Stoffe auch für den Menschen gefährlich sind und hormonelle Veränderungen hervorrufen können, bin ich natürlich auch beim Sonnenschutz auf Naturkosmetik umgeschwenkt. Dort werden statt der chemischen Filter mineralische verwendet, die einen Schutzfilm auf der Haut bilden und die Sonne wie lauter kleine Spiegel reflektieren. Inzwischen können mit dieser Alternative genauso hohe Lichtschutzfaktoren erreicht werden wie mit den chemischen Filtern.

Und es gibt auch Biosonnencremes, die keinen weißen Film auf der Haut zurücklassen. Leider sind aber auch die natürlichen Sonnencremes problematisch: Wissenschaftler streiten sich derzeit darüber, ob nicht auch die dort enthaltenen mineralischen Filter schädlich für das Ökosystem Meer sind. Nichteincremen ist aber mitnichten eine Alternative. Der Rat von Dermatologen heißt darum: mehr anziehen im Wasser. So, wie wir unsere Kinder mit langärmeligen UV-Shirts und Hosen präparieren, sollten wir es auch bei uns selbst machen. Was für ein Glück, dass ich zwar für mein Leben gern *am* Meer bin, aber total ungerne *im* Meer ...

Besser selber machen?

Die Frage, was in Kosmetik drin sein darf und muss, ist also oft nicht ganz so einfach zu beantworten. Und ob das alles so für jeden Laien auf der Verpackung nachzulesen ist, ist noch mal eine ganz andere Frage. Wer auf Nummer sicher gehen will, macht seine Kosmetik am besten selbst. DIY ist wieder total im Trend – Jean Pütz und die Hobbythek lassen grüßen. Es gibt zahlreiche Bücher, Blogs und Tutorials, die jedem zeigen, wie leicht sich Cremes, Make-up und andere Pflegeprodukte selbst zusammenmischen lassen. Und alle, die das machen, schlagen gleich zwei Fliegen mit einer Klappe: Erstens kennen sie so die Inhaltsstoffe. Und zweitens sparen sie Verpackungsmaterial, denn das Angerührte wird immer wieder in dieselben gereinigten Behältnisse gefüllt und so manches Produkt kommt ganz ohne aus. Ich selbst bekomme von befreundeten Vorreiterinnen ab und an deren Eigenkreationen geschenkt und bin voller Bewunderung.

Mir selbst fehlen aber Zeit und Muße, es ihnen nachzutun. Deshalb beschränke ich mich darauf, die Inhaltsstoffe zu checken und möglichst Produkte mit wenig Verpackung zu kaufen. Und das ist ja alles schon aufwendig genug. Umso glücklicher bin ich, dass ich für mich einige Lieblingsprodukte gefunden habe, die »sicher« sind und zu denen ich immer wieder greife.

Bei meinen Haaren hört die Natürlichkeit auf

So rigoros ich bei der Gesichts- und Körperpflege auf Naturprodukte umgestiegen bin: Wenn es um meine Haare geht, lasse ich nur bedingt mit mir verhandeln. »Du bist doch Green Janine – und ausgerechnet du lässt dir deine Haare strähnen? So richtig mit Chemie???« Solche Kommentare finden sich gelegentlich auf meinen Social-Media-Kanälen, wenn ich ein Bild von mir beim Friseur poste. Was soll ich sagen: Ja, obwohl ich mich um Umweltschutz bemühe, nehme ich mir das Recht raus, mir die Haare so machen zu lassen, wie ich mich wohlfühle. Meine natürliche Haarfarbe ist eine, für die es gar kein Wort gibt – meine Mutter nennt es liebevoll »straßenköterblond«. Auf jeden Fall gefällt mir diese Farbe so wenig, dass sie für mich schlicht keine Option ist. Deshalb lasse ich strähnen.

Schon während meiner Zeit bei RTL habe ich in Köln nach einem Friseur gesucht, der mit natürlichen Produkten arbeitet. Glücklicherweise habe ich ein Friseurteam gefunden, das wie ich immer auf der Suche nach der nachhaltigsten Lösung ist. Trotz aller Suche lassen sich aber die hellblonden Strähnen, die ich möchte, wirklich nur mit Chemie und mit jeder Menge Müll erzeugen. Denn Haare heller machen ist mit Naturfarben bislang nicht möglich. Die Farbe muss oxidieren, also ausbleichen. Und da Strähnen im Normalfall mit Alufolie gemacht werden, entsteht auch jedes Mal ein Haufen Abfall. Jetzt kann man sagen: »Dann lass doch dein Straßenköterblond mit Naturfarben zu einem Nussbraun oder so werden!« Nach einem Haarfärbefiasko im Teenageralter kann ich mich aber leider absolut nicht mit der Vorstellung anfreunden, jemals meine Haare dunkel zu färben.

Also bleibt mir nur, gemeinsam mit meinen Friseuren nach bestmöglichen Kompromissen für helle Strähnen zu suchen. Dazu gehören die größtmögliche Müllvermeidung und die Häufigkeit meiner Friseurbesuche: Wir färben nur alle acht bis zehn Wochen, um Haare, Kopfhaut und die Umwelt nicht zu sehr zu strapazieren. Und zumindest bei den Pflegeprodukten achte ich dann wieder auf Natur pur.

Fünftes Kapitel

Meine Veränderung und die Menschen um mich herum

Vor Kurzem schlenderte ich mit einem guten Bekannten durch Hamburg. Wir sprachen über mein Buch. Der Mann an meiner Seite raucht, und als der Filter erreicht ist, schmeißt er die Kippe auf den Boden und tritt sie aus. Plötzlich dreht er sich mit vor Schreck geweiteten Augen zu mir um und sagt: »Ach du Scheiße!« Ich bin ein bisschen amüsiert: »Ich habe doch gar nichts gesagt.« Aber wir beide wissen: Zigarettenstummel auf den Boden fallen lassen ist großer Mist. Es ist wissenschaftlich erwiesen, dass eine einzige Kippe rund 40 Liter sauberes Grundwasser verunreinigen kann.* Und weil das so ist,

* Roder Green, Amy L. et al.: »Littered cigarette butts as a source of nicotine in urban waters«, in: Journal of Hydrology 519 (2014), S. 3466–3474.

können für argloses Wegschnipsen längst Bußgelder verhängt werden. Wie viel, ist von Kommune zu Kommune unterschiedlich – in Hamburg wären es 55 Euro gewesen. Vielleicht schenke ich meinem Bekannten bald mal einen schicken Taschenaschenbecher zum Mitnehmen.

Die Geschichte zeigt: Ich bin für manche Menschen in meinem Umfeld inzwischen so was wie die Personifizierung ihres schlechten Gewissens. Ich weiß nicht, wie ich das finden soll ...

Auf der einen Seite ist es natürlich schön, wenn Menschen sich durch den Kontakt mit mir Gedanken machen, die sie sich ohne mich vielleicht nicht gemacht hätten. Auf der anderen Seite: Menschen reagieren in den seltensten Fällen positiv auf Druck, Verbote und Vorschriften. Was denken sie dann von mir, wenn ich für sie quasi als laufendes Verbotsschild fungiere?

Heftige Anfeindungen

Wie eine Art Rache für den Druck, den ich ohne Absicht ausübe, verlangen einige Menschen von mir und anderen Umweltschützern eine gottgleiche Perfektion. Kürzlich hat jemand zu mir gesagt: »Ich finde das total mutig, so ein Buch zu schreiben. Damit verpflichten Sie sich ja öffentlich, in Zukunft immer alles richtig zu machen in Sachen Klimaschutz. Falls nicht, droht ein Shitstorm.« Autsch. Aber recht hat sie.

Die Grünen-Politikerin Katharina Schulze zum Beipiel hat mal bei Instagram ein Foto von einem Eisbecher inklusive Plastiklöffel gepostet, noch dazu aus dem Urlaub in Kalifornien. Eine Grünen-Politikerin, die so weit fliegt und dann nicht mal sagt: »No spoon please«? Damn! Die entsprechenden Kommentare haben natürlich nicht lange auf sich warten lassen – von Usern und Politikkollegen. Schnell wurden die Sätze, die da zu lesen waren, so aggressiv, dass Katharina Schulze die Kommentarfunktion deaktivierte. Später in einem Interview berichtete sie, was da so alles getippt wurde: »Unter wirklich jedem Post, egal, ob es um Sozial- oder Umweltpolitik ging, wurde ich persönlich angegriffen. ›Du bist hässlich, du gehörst vergewaltigt‹, hieß es da zum Beispiel. Oder ›Findet Dreck über Katharina Schulze‹.« Die Klimaaktivistin Luisa Neubauer und ihre Mitstreiter*innen von Fridays for Future müssen ganz Ähnliches ertragen. Auch vor Wissenschaftler*innen machen die Kritiker keinen Halt, was ich besonders absurd finde.

Auch ich habe mir bereits einiges anhören müssen, wenn auch bislang glücklicherweise in vergleichsweise harmloser(er) Form. Ich hab mal im Winter ein Bild vom Joggen gepostet, auf dem ich einen Fleecepulli und eine Fleecemütze trage. Beides war zu diesem Zeitpunkt schon acht bis zehn Jahr alt, also gekauft, lange bevor ich mich überhaupt mit Umweltschutz auseinandergesetzt habe. Für alle Uneingeweihten: Fleece ist eine Kunstfaser, und bei jedem Waschgang gelangen Kunststoffpartikel ins

Abwasser. Aber wenn man das Ding erst mal im Schrank hat, dann wäre Wegschmeißen natürlich noch schlechter als Tragen. Außerdem gibt es inzwischen Waschbeutel, die verhindern, dass der Plastikmist im Wasser landet. Und es gibt sogar Fleece aus Holzfasern. Hätte also auch so was sein können. Ich bekam nach meinem Post unter anderem folgenden Satz von Followern zu lesen: »Du willst eine Umweltschützerin sein? Fleecesachen-Tragen geht gar nicht. Dich kann man ja nicht ernst nehmen.« Keine Nachfrage, keine Reaktion auf meine erklärende Antwort. Nichts. Ein anderes Mal habe ich ein YouTube-Video veröffentlicht, in dem es um Tipps im Haushalt geht, mit denen man CO_2 und Geld spart. Ich zeige, dass ich Leitungswasser trinke und dieses Wasser gelegentlich in ayurvedischer Tradition abkoche, weil das gut sein soll für die Gesundheit. Um das kochende Wasser sprudeln zu sehen, haben wir beim Drehen dieser Einstellung den Deckel weggelassen. Es hagelte Kommentare zur Energieverschwendung. Dass ich normalerweise natürlich mit Deckel koche, wurde als Antwort gar nicht zur Kenntnis genommen.

Wegen dieses extremen sozialen Drucks hat eine junge Aktivistin von Fridays for Future, die ich kenne, für den Sommerurlaub letztens einen kompletten Rückzug aus Social Media angetreten. Ihr Problem: Mama und Papa hatten eine Reise nach Venedig gebucht, Flug inklusive. Allein zu Hause bleiben war keine Option, dazu war sie zu jung. Also flog sie zähneknirschend mit und kappte bei

Abflug alle digitalen Verbindungen – keiner ihrer Mitschüler*innen sollte mitbekommen, wo sie sich befindet und wie sie da hingekommen ist. Sie sorgte sich, dass sie das sonst bei der nächsten Demonstration vorgehalten worden bekommen hätte.

Fail-Postings

Seit der Geschichte mit den Fleeceklamotten habe ich für mich beschlossen, meine Nichtperfektion zu akzeptieren und aktiv zu kommunizieren. Zum Beispiel einen meiner wiederkehrenden Fallstricke: trinken to go. Ich bin beruflich oft auf Reisen. Meistens habe ich dabei einen Mehrwegkaffeebecher und eine Trinkflasche dabei, manchmal vergesse ich es aber, oder die Dinger sind mir zu schwer in der Tasche, oder ich glaube beim Losgehen, dass ich sie nicht brauchen werde, oder was auch immer. Und natürlich gibt es dann Momente, in denen ich glaube, unmöglich wach bleiben zu können, wenn ich nicht sofort einen Kaffee bekomme, oder zu verdursten, wenn nicht in den nächsten Minuten Wasser meine Kehle hinunterrinnt.

Es gibt dann unterschiedliche Möglichkeiten, wie ich damit umgehe. Erste Variante: Ich halte durch, verfluche meine eigene Blödheit, bleibe aber konsequent und kaufe nichts. Variante zwei: Ich finde einen Laden, der RECUP-Becher hat. RECUP ist ein Pfandsystem, bei dem man einen Mehrwegbecher bekommt, den man danach bei allen teilnehmenden Läden wieder abgeben kann. Nächste Variante: Ich finde keinen Laden, der am Pfandsystem teilnimmt, und werde trotzdem schwach – dann kaufe ich einen Einwegbecher oder eine Plastikflasche, trinke total verschämt und würde mich dazu am liebsten irgendwo verstecken. Irgendwann ist aber noch eine Variante dazugekommen: Ich kaufe das Einwegprodukt und gehe damit selbstbewusst in der Öffentlichkeit und bei Social Media um. Denn unperfekt zu sein macht mein Engagement für die Sache nicht schlechter. Dafür macht es mich aber menschlicher. Und ich bin der festen Überzeugung, dass das besser ankommt, als wenn ich ein überzogenes Superhero-Bild von mir selbst zeichne. Da bin ich mir ziemlich sicher, weil ich auch durchgehend positives Feedback auf solche Fail-Postings bekomme, und zwar von Hardcore-Klimaschützern ebenso wie von denen, die gerade erst mit ihrem persönlichen Wandel anfangen. Der Weg zur Klimaschützerin ist eben keine 100 %-Wende; auch ich bin an einigen Stellen konsequenter als an anderen, und ich gehe durchaus Kompromisse ein. Das ist meiner Meinung nach auch der einzig gangbare Weg, um Nachhaltigkeit wirklich im eigenen Leben zu verankern.

Grün ist ansteckend

Insgesamt bin ich schwer beeindruckt, wie sehr ich andere Menschen durch simples Vorleben und ohne den berühmten erhobenen Zeigefinger dazu inspirieren kann, selbst zu handeln. Der Umstieg vom Auto aufs Lastenrad ist eines der beeindruckendsten Beispiele dafür: Seit ich mit dem Teil durch Köln fahre, starren Menschen mir hinterher und sprechen mich an, sobald sich die Gelegenheit bietet. Von Anfang an haben mein Sohn und ich zahlreiche »Beratungsgespräche« geführt, zum Lastenrad selbst und zum Leben ohne eigenes Auto. Und ich würde behaupten, dass wir maßgeblich zur Verbreitung von Lastenrädern in unserem Stadtteil beigetragen haben. Es gab schon Tage, da standen neben meinem Lastenrad fünf weitere dieser Art vor der Schule. In solchen Momenten werde ich regelrecht euphorisch und halte es für möglich, dass Lastenräder irgendwann alle SUVs ablösen.

Weil dieses stille Vorleben so gut funktioniert, mache ich genau so weiter. Manchmal kann ich aber auch nicht anders und sende aktiv Botschaften, so subtil wie möglich. Abschiedstütchen beim Kindergeburtstag sind da mein Lieblingsthema. Seit wir Kindergeburtstage feiern und unser Sohn zu solchen eingeladen wird, gibt es sie: die obligatorische Abschlusstüte. Eltern kennen das, für alle anderen sei es kurz erklärt: Die kleinen Gäste bekommen zum Abschied noch ein Geschenk. »Danke, dass du da gewesen bist«, soll das heißen. Diese Tütchen sind aus

Plastik, meist werden schon ganze Sets in Läden angeboten. Und da muss dann halt irgendwas rein. Entweder sind es Süßigkeiten oder Krimskrams oder beides. Und weil das natürlich nicht viel kosten darf, ist es eigentlich immer Schrott. Die Süßigkeiten sind weder bio noch fair, und dann sind da gerne so kleine Plastikflugzeuge drin oder der hundertste Flummi. Die Absurdität des Ganzen wurde mir erst kürzlich wieder vor Augen geführt, als das Plastikflugzeug zum Zusammenstecken, das mein Sohn in seiner Tüte gefunden hatte, schon vor dem Tschüss-Sagen auf der Feier kaputtging.

Die gesamte Tradition zu sprengen habe ich mich bislang nicht getraut. Ich will meinen Sohn auch nicht zum Außenseiter machen. Also nutze ich diesen Brauch als Möglichkeit, um zum Denken anzuregen. Bei uns sind die Tüten aus Papier. Manchmal gibt es auch gar keine Tüten, denn das Abschiedsgeschenk besteht seit Jahren aus einer Tafel »Die gute Schokolade«. Erfunden von Kindern übrigens. Diese Schokolade wird fair hergestellt, ist bio, und der Kauf unterstützt das Projekt Plant for the Planet – eine ebenfalls von einem Kind ins Leben gerufene Initiative zur Pflanzung von Bäumen fürs Klima. Ich weiß nicht, wie vielen Eltern überhaupt aufgefallen ist, dass ich da was anders mache beim Abschiedsgeschenk. Aber selbst wenn es nur ein Einzelner bemerkt hat, wenn nur eine ins Nachdenken kommt und die vielen Infos auf der Verpackung der Schokolade liest, ist doch schon was gewonnen.

Der Wandel und die Engsten

Diese subtilen Änderungen sind gut und schön, aber was macht mein Wandel mit den Menschen, die mir wirklich nahestehen und die meinen Wandel täglich hautnah mitbekommen, also meinen engen Freunden und meiner Familie?

Mit zwei Freundinnen habe ich eine Chatgruppe, in der wir uns über unsere Leben auf dem Laufenden halten. Und da gibt es zwischendurch Unterhaltungen wie diese:

Freundin 1: »Wollen wir jetzt endlich diesen Kurztrip planen für uns drei?«

Freundin 2: »Ja, unbedingt. Ich war doch kürzlich in diesem super Ressort in Südtirol.«

Freundin 1: »Da war ich auch schon, das ist toll. Für ein Wochenende geht das aber nur mit Fliegen.«

Ich: »Bei Fliegen für einen Kurztrip bin ich raus :-)«

Freundin 2: »Dann fahr doch einfach 2 Tage früher los mit dem Zug. ;-)«

Anderer Tag, anderer Chat, gleiche Freundin:

Freundin 1: »Ich fahre SUV. Mein Mann hat mehrere Porsche in der Garage, und ich komme gerade von einer Fernreise zurück. Ich bin eigentlich Dein Feindbild. Hoffe, Du hast mich trotzdem lieb. Ich esse kein Fleisch, kaufe keine Avocados und trockne meine Wäsche in der Sonne. Kaufe im Unverpacktladen und gebe mir echt Mühe …«

Ich: »Ja, ich hab Dich trotzdem lieb. Sehr sogar. Ich missioniere ja nicht und schon gar nicht bei Freunden.«
Freundin 1: »Ich hab Dich immer im Nacken und denke tatsächlich ganz oft an Dich, wenn ich was mache.«

Bei Freunden fällt es mir besonders schwer zu ertragen, wenn sie sich von mir unter Druck gesetzt fühlen. Ich fange auch in meinem engsten Umfeld nie selbst mit dem Thema an. Ich mache einfach mein Ding. Und es zeigt sich, dass ich damit auch hier am besten zum Nachdenken, Umdenken und Handeln bewegen kann. Eine Freundin, der Mülltrennung bislang völlig latte war, hat beispielsweise jetzt alles perfekt sortiert und coacht die gesamte Familie in dieser Angelegenheit. Eine andere Freundin präsentierte mir kürzlich ihre nachhaltigen Turnschuhe, und im Café, das sie zusammen mit ihrem Lebenspartner betreibt, werden statt Plastikbesteck für den Kuchen to go jetzt Holzgabeln verteilt. Plastikstrohhalme gibt's auch nicht mehr. Das klingt kleinteilig, aber wer einmal anfängt, hört nicht mehr auf. Das sehe ich ja an mir selbst.

Auch bei meinen Eltern hat sich im Nachgang meines eigenen Wandels überraschend viel geändert. »Überraschend« deshalb, weil man älteren Menschen ja oft nachsagt, sie seien nicht mehr so flexibel. Das trifft aber garantiert nicht auf meine Eltern zu … Ich kann die stolzgeschwellte Brust meines Vater quasi durchs Telefon sehen, als er mich anruft, um mir zu verkünden, dass er jetzt auch Ökostrom bezieht – derselbe Mann, der jahrelang versucht hat, mir seine konventionellen Stromanbieter schmackhaft zu machen. Dieser Mann hat gewechselt. Der Sache wegen. Er ist zwar besonders freudig erregt, weil der Ökostrom auch noch günstiger ist, als er jahrelang dachte. Aber dass er es aus Überzeugung getan hat, ist mir das größte Fest. Das Schöne ist, dass ich nichts getan habe, um ihn so weit zu bringen – außer gebetsmühlenartig zu erklären, warum ich weiterhin bei meinem Ökostromanbieter bleibe, wenn er mich mit vermeintlich besseren Angeboten locken wollte. Überhaupt berührt es mich fast am meisten, dass meine Eltern noch so viel in Angriff nehmen, um ihren Teil beizutragen im Kampf gegen die Klimakrise. Beim Thema Lebensmittel beispielsweise ist meine Mutter manchmal viel weiter als ich. An den Marktständen, zu denen sie geht, hat sie so lange auf die Händler eingeredet, dass die den Teufel tun würden, ihr eine Plastiktüte anzubieten. Im Gegenteil: Einige von ihnen bieten jetzt sogar Mehrwegstoffbeutel zum Verkauf an.

Wir reden innerhalb der Familie extrem viel über das Thema Nachhaltigkeit. Und alles, was meine Mutter von mir erfährt, trägt sie wieder in ihren eigenen Kosmos – und schon wissen mehr Menschen, was sie tun können, um unsere Zukunft ein Stück weit zu retten. Und auch bei meiner Schwester, zu der ich nicht nur eine große emotionale Nähe habe, sondern auch eine räumliche – wir wohnen direkt nebeneinander und teilen uns einen kleinen Garten –, hat sich eine viel größere Aufmerksamkeit für die Thematik entwickelt, mit entsprechenden Veränderungen in ihrem Familienleben: faire Kleidung, viel mehr Fahrrad fahren, Biolebensmittel und Naturkosmetik. Wir reden über alles, was ich ausprobiere, und sie teilt alles mit mir, was sie irgendwo liest oder aufschnappt. Und gemeinsam freuen wir uns dann wie Bolle, wenn die nachhaltigere Variante von irgendetwas genauso gut ist oder sogar besser als die konventionelle. Durch das direkte Nebeneinander haben sich übrigens auch einige nachhaltige Gewohnheiten entwickelt, die inzwischen auf Teile der Nachbarschaft übergreifen. Teilen ist da das neue Haben: Ganz viele Sachen wie Bohrmaschine, anständige Fahrradpumpe, große Bräter und Leitern besitzt nur eine Familie, und wer es gerade braucht, leiht es aus. Das reduziert den Konsum, und jeder Einzelne benötigt weniger Platz zum Verstauen. Wenn wir länger verreisen und noch Lebensmittel im Kühlschrank sind, geben wir sie den Daheimgebliebenen. Und auch das Lastenfahrrad kann von anderen benutzt werden. Sharing is Caring!

Grüne Kinder

Neulich kamen meine Neffen zu mir und zeigten mir ihre neuen Schuhe. »Guck mal, die sind doch echt cool, oder? Und die sind auch noch nachhaltig.« Selbst der Kleinste der drei beherrscht inzwischen das Vokabular, obwohl sie vielleicht nicht immer genau wissen, was es überhaupt bedeutet. Aber Kinder sind einfach wunderbar begeisterungsfähig, und sobald sie etwas für gut befunden haben, versuchen sie, anders als ich, andere aktiv zu überzeugen.

Das merke ich, als ich für eine Vortragsrecherche ein Video mit einer Schildkröte im Netz entdecke, das ich den Kindern zeige, weil sie gerade um mich rumtoben. Im Video ist zu sehen, wie zwei Menschen auf einem Boot versuchen, einer Schildkröte etwas aus der Nase zu ziehen, das da ganz offensichtlich nicht hingehört. Das Tier blutet, der Fremdkörper will einfach nicht rauskommen. Es sind quälende Minuten. Das Ding in der Nase entpuppt sich als Plastikstrohhalm. Meine Neffen und mein Sohn sind entsetzt. Und kombinieren: »Hast du deshalb diese anderen Strohhalme gekauft? Die aus Edelstahl?« Ich erkläre ihnen, dass zwar unsere Plastikstrohhalme, die wir vorher verwendet haben, nicht ins Meer gelangt sind, weil wir sie richtig entsorgt haben, aber dass es Sachen gibt, die einfach überflüssig sind und leider oft in die Umwelt gelangen. Strohhalme, mit denen ich etwas trinken kann, obwohl es auch direkt mit dem Mund geht, gehören meiner Meinung nach ohnehin dazu, und Einwegstrohhalme aus Plastik noch mal mehr. Da es Plastikstrohhalme aber gibt und die natürlich auch gerne in der Nähe der Meere verwendet werden, landen einige von ihnen eben auch da drin und anschließend manchmal auch in Tieren, mit wirklich schlimmen Folgen. Siehe Schildkröte. Dass ich überhaupt Strohhalme habe, jetzt eben in der Mehrwegvariante, liegt daran, dass Kinder die manchmal einfach cool finden. Ebendiese Kinder werden nach dem gerade Gehörten aber sofort aktiv. Sie schwärmen in die Nachbarschaft aus, um anderen Kindern und auch Erwachsenen von der Schildkröte mit dem Strohhalm zu berichten und Werbung für Mehrwegstrohhalme zu machen. Ich liebe Kinder.

Umweltschutz oder Beziehungsschutz?

Man stelle sich Folgendes vor: Sie lernen den Partner ihres Lebens kennen. Natürlich schätzen Sie ihn wegen seiner inneren Werte, wegen der tollen Sachen, die er sagt. Vielleicht sieht er auch noch gut aus. Und möglicherweise ist er oder sie zu allem Überfluss auch noch erfolgreich, verdient viel Geld, mit ihm oder ihr können Sie so vor sich hinleben, ohne viel nachdenken zu müssen – außer über das, worüber Sie nachdenken wollen. Aber Sie müssen sich keine Sorgen machen, weder um Geld noch um die Zukunft.

So in etwa dürfte es sich für meinen Mann angefühlt haben, als er mich kennenlernte. Ich war gerade auf einem vorläufigen Höhepunkt meiner Karriere angekommen. Ich war frei, ich war finanziell unabhängig, und ich habe keine anstrengenden Fragen über CO_2-Fußabdrücke gestellt. Trotz oder gerade wegen unserer Unterschiede sind wir damals ein Paar geworden, haben geheiratet, einen Sohn bekommen und sind immer noch glücklich.

Und das, obwohl ich irgendwann während unseres gemeinsamen Lebens eine 180-Grad-Wende hingelegt habe.

Ich habe meinen Mann damals von der ersten Sekunde des Zweifelns bis zum großen Showdown meiner Kündigung unentwegt auf dem Laufenden gehalten und mit eingebunden. Diesen finanziellen Umschwung zu verarbeiten, von ziemlich weit oben zu kommen und plötzlich selbst beschlossen vor einer Art Nichts zu stehen, klingt nach der bisher größten Herausforderung unserer Partnerschaft. Ich will das auch nicht kleinreden.

Aber der Wandel dahinter, die vielen Diskussionen im Klein-Klein zu Hause waren die viel größere Aufgabe und auch die gefährlichere für eine Beziehung. Denn natürlich ist es zum Kotzen, wenn die Partnerin dich plötzlich akribisch bei allem beobachtet und fragt: »Geht das nicht auch nachhaltiger?« »Mach den Stand-by-Modus aus!« »Können wir nicht die Heizung runterregulieren?« ... und dich genau dabei beobachtet, was du in welche Mülltonne schmeißt. Wenn du dich fragen lassen musst, warum du denn nun doch wieder die nicht faire Jeans gekauft hast, und die simple Antwort ist: »Weil die Ökojeans einfach nicht so gut sitzen wie meine Lieblingsmarke.«

Wenn ich mir das vor Augen führe, muss ich immer an das Lied des leider verstorbenen Roger Cicero denken: »Zieh die Schuh aus ...« Partnerschaft funktioniert nicht durch Kontrolle und Bevormundung. Und gleichzeitig war die Ehe für mich eine ganze Weile der einzige Ort, an dem ich mich nicht zurückhalten musste und auch nicht wollte mit all meinen Fragen, Erkenntnissen und auch Besserwissereien. Aber so geht es nicht. Mein Mann hat das gleiche Recht wie alle anderen, die ich ja auch nicht belehre. Deshalb habe ich irgendwann angefangen, mich zurückzunehmen, nicht mehr aktiv auf Themen rumzuhacken. Und siehe da: Erst kürzlich fragte er mich, selbst total belustigt, aber ernsthaft interessiert: »In welche drei Teile muss ich jetzt diesen Joghurtbecher mit der Papierbanderole drum herum teilen, und wohin dann damit?«

Nachhaltige Nachrichten im Berufsleben

Was ich privat verändert habe, färbt vor allem auf Privatpersonen ab. Aber auch mein Verständnis meines Berufsfelds, des Journalismus, hat sich mit mir gewandelt.

Jahrelang gehörte es als Boulevardjournalistin zu meinem täglich Brot, über all das Schlimme in der Welt zu berichten: tote Kinder, Opfer von Säureanschlägen, Katastrophen ... Bad News waren Good News, weil man mir beigebracht hatte, dass nur die Skandale bei den Konsumenten richtig gut funktionieren. Nach meiner Kündigung passierten dann zwei Dinge, die ich bisher im Job nie auf dem Schirm hatte: Zum einen traf ich bei meinen Moderationen immer wieder auf Menschen, die extrem gute Lösungsansätze für die Probleme unserer Zeit ausgearbeitet haben – Wissenschaftler*innen, Unternehmer*innen, Visionäre. Und gleichzeitig hörte ich im Gespräch immer öfter den Satz: »Nachrichten konsumiere ich nicht mehr. Kann ich nicht mehr ertragen, diesen dauernden Weltuntergang.«

Schluss mit dem täglichen Weltuntergang – so heißt ein schlaues Buch von Prof. Maren Urner, das ich vor Kurzem las, um mir neue Gedanken über meinen Job zu machen. Urner, eine Neurowissenschaftlerin und Professorin für Medienpsychologie an der Hochschule für Medien, Kommunikation und Wirtschaft in Köln, hat 2016 das Onlinemagazin »Perspective Daily« mitgegründet. Dort wird ein anderer, ein konstruktiver Journalismus betrieben.

Ich treffe mich mit ihr in Münster, weil ich neugierig bin, wie sie sich einen besseren, konstruktiven Journalismus vorstellt. Ihre Erklärung klingt für mich sehr einleuchtend: »Das ist eigentlich ganz normaler Qualitätsjournalismus. Die Journalist*innen müssen einfach nur eine weitere W-Frage stellen und am besten immer mitdenken. Nach den Klassikern ›Wer, was, wo, wann, wie und warum‹, die zum Handwerk gehören, kommt die Frage ›Was jetzt?‹ oder ›Wie geht's weiter?‹ dazu.« Wer auf diese Anschlussfrage verzichtet zeige nur einen Teil des Istzustands, was dazu führe, dass ständig nur Probleme und Herausforderungen geschildert werden. Da sagen die Menschen und Medienkonsumenten natürlich irgendwann »Ich kann nicht mehr!« Maren Urner erklärt mir, warum das fatale Folgen hat: »Die Menschen ziehen sich dann zurück, um sich selbst zu schützen, informieren sich nicht mehr über die großen Themen unserer Zeit und machen nur noch das, worauf sie Einfluss nehmen können. Plakativ gesprochen: Sie kochen lieber Marmelade ein, anstatt sich zu bilden, Informationen zu konsumieren und zu fragen, wie es mit unserem Land und weltweit weitergehen kann. In der Psychologie wird dieses Phänomen als erlernte Hilflosigkeit bezeichnet, weil wir durch den Negativ- und Problemfokus ›lernen‹, dass wir nichts ausrichten können.«

Wenn die Frage nach der Zukunft aber doch eigentlich Teil des journalistischen Handwerks sein sollte, warum wird sie dann so selten gestellt?

Maren Urner ist sich sicher, dass dahinter ein ganz banales Problem steckt: »Weil konstruktiver Journalismus Zeit und Geld kostet. Denn um der Frage der Lösungen nachzugehen, bedarf es tieferer Recherche, die den meisten Journalist*innen in Zeiten von immer schneller werdendem Onlinejournalismus nicht vergönnt ist. Dabei ist der Ansatz gerade beim Klimaschutz so wichtig. Das ist bei dem Thema ja die Kernfrage. Wenn wir die nicht stellen, sind wir total redundant, aber vor allem demotivierend und negativ. Wir können die Konsumenten nur wieder für Informationen begeistern, wenn wir sie nicht im Katastrophenszenario zurücklassen, sondern ihnen Auswege aufzeigen. Dafür müssen sich Journalist*innen und Redaktionen öffnen, ihre Arbeit öfter mal hinterfragen und die Sender und Verlage müssen das nötige Geld zur Verfügung stellen.«

Ich bin von dieser neuen Perspektive auf meinen Job völlig überzeugt: Genau so kann ich auch hier ein kleines Rädchen drehen, damit es vorangeht in eine bessere Zukunft. Nicht nur suche ich jetzt bei meinen Aufträgen als Moderatorin und Speakerin immer nach dem »Was jetzt?«, ich verbreite diese Botschaft auch immer wieder bei meinen vielen Journalistenkolleg*innen. Denn was mir Maren Urner auch mit auf den Weg gibt: Gerade Journalisten, also diejenigen, die anderen Menschen Geschehen und Fakten erzählen, haben oft ein extrem negatives Weltbild – bedingt durch den täglichen Negativfokus in ihrem Job. Durch die Recherche von Lösungen das Problem doppelt an der Wurzel packen – das wäre doch was Feines!

Sechstes Kapitel

Veganerin werde ich in diesem Leben nicht mehr

Mein Mann öffnet den Kühlschrank. Guckt rein, dreht sich zu mir um und sagt verwundert: »Du hast doch gesagt, du warst einkaufen?« Ich: »Ja, war ich auch. Da ist alles, was wir für die kommenden 24 Stunden brauchen.« Das ist eine sich wiederholende Szene in unserem Haushalt, seit ich mich mit dem Thema Lebensmittelverschwendung auseinandersetze.

Jedes Jahr landen in Deutschland fast 12 Millionen Tonnen Lebensmittel im Müll – das ist nicht nur pervers angesichts der Tatsache, dass woanders auf der Welt Menschen an Hunger sterben. Es ist auch für jede Haushaltskasse ökonomischer Wahnsinn und ökologisch schlichtweg inakzeptabel. Die Produktion von Lebensmitteln

Wo entstehen Lebensmittelabfälle?

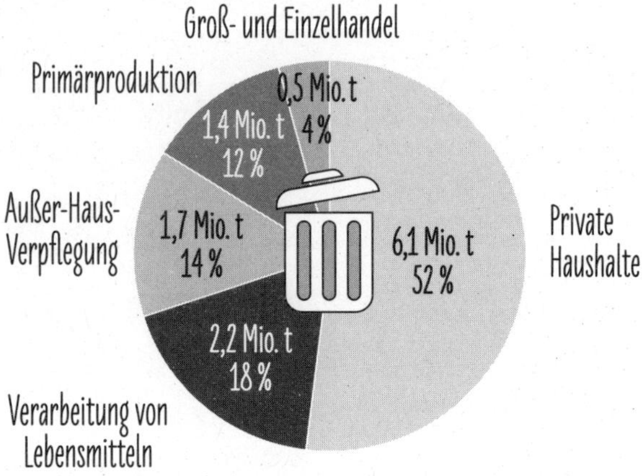

Quelle: BMEL.

verbraucht irre viele Ressourcen, gleichzeitig wird dabei jede Menge CO_2 produziert. Die schlimmsten Sünden sind Fleisch und Milchprodukte. Ein Fakt, der mich immer wieder fertigmacht: Fast 92 Prozent der weltweiten landwirtschaftlichen Fläche werden für die Produktion von Futtermittel oder als Weiden genutzt.

Über Lebensmittelverschwendung habe ich mir früher keine Gedanken gemacht. Mir fehlte die Zeit – bescheuerte Ausrede, die ich aber für die Wahrheit hielt. Bevor ich Mutter wurde, hatten meine Arbeitstage locker zehn bis zwölf Stunden. Abends noch selber kochen: keine Option. Fast jeden Tag landeten wir zu später Stunde in einem der vielen Restaurants der Stadt, während zu Hause die Einkäufe vergammelten und regelmäßig in der Tonne landeten. Die Geburt unseres Sohnes hat zumindest unsere Restaurantbesuche deutlich reduziert. Aber die Kühlschranksituation hat sich trotzdem zunächst nicht nennenswert verbessert. Da war nach wie vor jede Menge drin – eben alles, was ich bei meinen Wocheneinkäufen so in den Wagen geworfen hatte. Aber irgendwie war das Vorhandene nie das, worauf wir Hunger hatten. Also zog einer von uns Abend für Abend noch mal los zum nächsten Supermarkt. Am Ende der Woche warfen wir dann immer noch viel zu viel weg. Das mag auch daran liegen, dass ich zwar wirklich gerne esse, Kochen aber wirklich furchtbar finde. Dementsprechend schwer fällt es mir, eine Wochenplanung zu machen, Rezepte rauszusuchen und genau für die dann einzukaufen. Und selbst wenn ich mich aufraffen würde, das zu tun, bleibt das Problem, dass ich zu freiheitsliebend bin, um am Samstag festzulegen, was ich am Mittwoch essen will.

Die Wende in meinem Umgang mit Nahrungsmitteln brachte die Begegnung mit Valentin Thurn, einem Dokumentarfilmer und Aktivisten im Kampf gegen Lebensmittelverschwendung. Sein Kinofilm »Taste the Waste« sorgte 2011 für großes Aufsehen. Er dokumentiert unseren absurden Umgang mit dem Wichtigsten, was wir neben unserer Gesundheit haben: den Mitteln zum Leben. Nicht nur wir Verbraucher stehen in diesem Film am Pranger, sondern genauso Industrie und Handel. Nachdem ich den

Film gesehen und mit Valentin gesprochen habe, beginne ich sukzessive, mein Einkaufsverhalten zu verändern. Großeinkäufe werden komplett gestrichen, außer wenn sich Wochenendbesuch angekündigt hat. Und selbst da frage ich vorher, was diejenigen zum Frühstück wollen, und rechne hoch, wie viel das für ein ganzes Wochenende sein könnte, damit ich bedarfsgerecht einkaufe, wie es so schön heißt. Denn was unsere Freunde mögen, muss längst nicht unser Lieblingsfrühstück sein, und dann bliebe nach deren Abreise alles liegen und würde auch wieder in der Tonne landen.

Für uns drei kaufe ich inzwischen fast täglich ein, statt am Wochenende einen Großeinkauf zu machen. Tagsüber klären wir, wer abends zu Hause ist und worauf wir Hunger haben. Auf dem Rückweg von einem Termin halte ich kurz am Supermarkt und kaufe, was wir für den Abend brauchen. Kleine Läden sind mir in dieser Phase übrigens sehr ans Herz gewachsen. Während ich früher auf Urlaubsreisen in diesen gigantischen Märkten, in denen es allein 30 unterschiedliche Erdbeermarmeladen gibt, leuchtende Augen bekommen habe, bin ich heute überaus glücklich, wenn das Angebot überschaubar ist. Ein »Zuviel« macht mich inzwischen kirre und entscheidungsunfähig. Das gilt nicht nur bei Lebensmitteln. Und da ich über die Jahre einige Kriterien gesammelt habe, die mir beim Lebensmittelkauf wichtig sind, wäre ein übergroßes Angebot ohnehin verwirrend, weil ich dann alle angebotenen Produkte auf diese Kriterien hin untersuchen müsste.

Vegane Kuchen – mein persönlicher Reinfall

»Vegan« gehört übrigens nicht zu meinen Einkaufskriterien. Obwohl ich es durchaus versucht habe. Mein Versuch mit veganen Lebensmitteln ging allerdings ordentlich schief, die Szene hat sich in meinen Kopf eingebrannt …

Als ich die Hafermilch öffne und daran rieche, wird mir schlecht. Dabei stand im Rezept, Hafermilch sei der neutralste Milchersatz. Ich versuche gerade, vegane Donauwellen zu backen, denn meine Schwiegermutter kommt zu Besuch und ernährt sich seit einigen Monaten ohne tierische Produkte. Ich bin grundsätzlich aufgeschlossen und probiere gerne vieles aus. Da Backen – ganz im Gegensatz zum Kochen – zu meinen Stärken gehört, will ich der Mutter meines Mannes eine Freude machen und denke mir: Falls es schmeckt, haben wir alle was davon. Denn ich liebe Donauwellen. Die Fotos der veganen Variante sind vielversprechend, und so lasse ich mich auf das Experiment ein.

Schon bei der Zubereitung habe ich aber kein gutes Gefühl. Die Creme hat nicht die gewohnte Konsistenz, außerdem bekomme ich den Geruch von Hafer nicht aus der Nase. So richtig Spaß macht das Ganze nicht. »Ist aber normal bei Sachen, die man neu ausprobiert und die deshalb anstrengender sind«, denke ich mir. Das Ergebnis ist rein optisch nicht zu unterscheiden von den Wellen, die ich aus meiner Kindheit kenne. Also ab in den Kühlschrank damit. Am nächsten Tag wird sich zeigen, ob der Kuchen schmeckt. Als alle an der Kaffeetafel sitzen, mach ich eine große Nummer aus meinem ersten veganen Kuchen. »Extra für dich, liebe Schwiegermama … Sieht doch gut aus … Ich bin mir sicher, er wird allen schmecken.« Wie sehr ich mir selbst (nicht) traue, erkennt man daran, dass es zusätzlich zwei weitere nicht vegane Kuchen gibt. Die Gäste zeigen sich verhalten, greifen zunächst nach den wohlbekannten Alternativen. Aber meine Schwiegermutter hat keine Wahl: Sie muss die Donauwelle probieren. Sie nimmt die erste Gabel, kaut, schmeckt und zeigt sich begeistert. Allerdings so, wie man sich begeistert zeigt, wenn man jemanden, der sich Mühe gegeben hat, nicht enttäuschen will. Mit stoischer Gelassenheit isst sie den Teller leer. Und animiert die anderen Familienmitglieder, doch auch mal zu probieren. Einige testen ein winziges Stück, um dann gepresst hervorzubringen: »Ja, ganz gut. Aber ich bleibe bei dem anderen.« Ich selbst bin immer noch so angeekelt vom Geruch der Hafermilch, dass ich mich nicht überwinden kann, den Kuchen, der mir so viel Arbeit gemacht hat, wenigstens zu probieren. Seien wir ehrlich, diese Aktion war ein Reinfall, sogar für meine Schwiegermutter. Als ich ihr zumindest Teile der Donauwelle mit nach Hause geben will, lehnt sie vehement ab.

Jetzt ist es natürlich absolut im Bereich des Möglichen, dass ich die Sache einfach verkackt habe und der vegane Kuchen gar nichts dafür kann. Vielleicht habe ich was falsch gemacht, vielleicht war das Rezept nicht optimal. In jedem Fall ist es ernüchternd und passt in das Dilemma, über das ich an dieser Stelle gerne sprechen möchte: Die vermeintlich klimafreundlichste Ernährung muss längst nicht allen schmecken. Ganz abgesehen davon, dass sie vielleicht nicht die gesündeste ist oder nicht dabei hilft abzunehmen. Das sind aber alles Eigenschaften, die ich durchaus an Lebensmitteln schätze ...

Die Steinzeiternährung und ich

Ich bin 43 Jahre alt, als ich dieses Buch schreibe, und möchte behaupten, dass ich in meinem Leben schon jede Diätsau durchs Dorf getrieben habe. Das liegt zum einen daran, dass ich schon genetisch bedingt nicht der filigrane Typ bin, es aber immer gerne gewesen wäre. Hinzu kamen über die Jahre das ganz normale Leben, die Schwangerschaft und die Lust am Essen.

Meine Diätkarriere beginnt früh. Das erste Mal hungere ich mit 14 Jahren. In den Sommerferien hatte ich beschlossen, nur noch von einem Müsliriegel am Tag zu existieren, um bei Schulstart endlich so dünn zu sein wie meine Freundinnen. Meine Mutter beendete diesen Schwachsinn mit einer Standpauke, die sich gewaschen hatte. Kurz vor meinem Abiball startete ich den nächsten Versuch, diesmal deutlich gesünder und von Erfolg gekrönt. Mit der Brigitte-Diät und der vollen Unterstützung meiner Mutter nehme ich zehn Kilo ab. Im Laufe der

Jahre folgen zahlreiche weitere Diäten: Kohlsuppe, FDH, Saftkuren, Shakes, Low-Carb.

Wer sich auskennt, weiß: Wo Low-Carb gesagt wird, ist auch die Paleo-Ernährung nicht weit, die sogenannte Steinzeitdiät. Das ist eine Ernährungsform, die vor allem Männern sehr gut gefällt, denn dabei gibt es Fleisch und Geflügel in rauen Mengen. Wir schreiben das Jahr 2013, als sie mir zum ersten Mal wärmstens empfohlen wird, um Kilos zu verlieren. Ich hatte mich zu diesem Zeitpunkt schon etwa zwei Jahre mit der Frage auseinandergesetzt, wie ich mein Leben nachhaltiger und klimaschonender gestalten kann. Dass man dafür wenig Fleisch essen soll, war nicht an mir vorbeigegangen. Und jetzt das. Mehr Clash geht nicht. Was tun? Lieber dick bleiben, dafür aber keine Umweltsau sein?

Ich habe kein grundsätzliches Problem damit, Fleisch zu essen. Dass das Töten von Tieren dazugehört, wenn man Fleisch auf dem Teller haben will, ist mir von Kindesbeinen an bewusst. Ich habe schon bei Schlachtungen zugeschaut und gemeinsam mit meinem Opa früher sogar selbst die Zuchtkaninchen vom Nachbarn zum Weihnachtsbraten gemacht. Was für mich wichtig ist: wie das Töten geschieht und wie die Tiere davor gelebt haben. Und genau deshalb habe ich noch nie Billigfleisch gekauft. Die Produkte vom Metzger meines Vertrauens aus meiner ländlichen Heimat habe ich an sämtliche Wohnorte mitgeschleppt – seine Fenchelwürste beispielsweise habe ich mir ernsthaft bis in die Hauptstadt hinterherschicken lassen. Seit ich wieder in Köln lebe, beliefert der Mann aus dem Bergischen mich wieder in größerer Regelmäßigkeit mit Fleisch und Geflügel. Da er ohnehin diverse Restaurants in der Stadt versorgt, ist das nicht mal ein zusätzlicher Transportweg.

Bei ihm weiß ich, dass er mir genau sagen kann, wie und wo jedes einzelne Tier gelebt und was es gefressen hat. Es ist kein Biofleisch, trägt jedoch ein regionales Label, das die gleichen Ansprüche erfüllt. Das hat einen praktischen Grund: An bestimmten Siegeln, wie etwa »Bio«, hängen teure Zertifizierungsprozesse, die sich viele kleine Unternehmen nicht leisten können. Daher verzichten manche Bauern auf diese Siegel, obwohl ihre Tierhaltung den Standards entsprechen würde. Meinen Metzger und seine Bezugsorte kenne ich, daher vertraue ich ihm. Zudem hat er auch noch bezahlbare Preise. Trotzdem: Von Billigfleisch ist er weit entfernt, und das ist gut so. Ich bin der Meinung, dass Ungesundes, ob nun für den Menschen, die Tiere oder fürs Klima, mehr kosten muss, damit wir alle weniger davon konsumieren.

Bei allem Ja zu gutem Fleisch und Geflügel – seit ich mich mit Klimaschutz beschäftige, esse ich viel weniger davon. Was also jetzt tun mit dieser Paleo-Diät, die mir als Erfolgsgarant verkauft wird? Ich gehe es logisch an. Diese Diät wird auch Steinzeitdiät genannt, denn sie basiert auf Nahrungsmitteln, die den Menschen in ebendieser Zeit zur Verfügung gestanden haben. Wer jetzt eins und eins zusammenzählt, dem ist schnell klar: So fleischlastig kann das gar nicht sein, denn das Fleisch musste man früher ja erst mal jagen. Und das funktionierte wohl kaum in der Schlagzahl, in der Fleischfanatiker heutzutage Fleisch essen (und dann zur Entschuldigung sagen: »Ich mache Paleo, da muss das so«). Ich komme also damals mit mir selbst überein: Ich mach das jetzt mit diesem Paleo, aber mit reduziertem Fleisch-, Geflügel- und Fischanteil. Funktioniert hat es trotzdem.

Eine Diät für den Planeten

Vegetarierin werde ich vermutlich nie. Das habe ich in vielen Befragungen mit mir selbst herausgefunden. Ist aber auch nicht zwangsläufig nötig. Meine Vorlieben beim Essen decken sich mittlerweile glücklicherweise mit den Grundsätzen der *planetary health diet* – der Gesundheitsdiät für unseren Planeten. Eine Gruppe verschiedenster Wissenschaftler entwarf diesen Speiseplan, der die Gesundheit des Menschen und die Gesundheit des Planeten gleichermaßen schützt. Das Grundprinzip: mehr Obst, Gemüse, Hülsenfrüchte und Nüsse, dafür weniger Fleisch, Geflügel, Fisch und Zucker.

Diese Zusammensetzung tut dem menschlichen Körper gut – das merken wir deutlich, seit wir zu Hause so essen. Die Zutaten müssen dabei für mich nicht immer alle bio sein. Den größten Wert auf bio lege ich bei einigen Gemüse- und Obstsorten – weil konventionelle Produkte da häufig mit Pestiziden überzogen sind und man noch gar nicht endgültig weiß, welchen Schaden das in unseren Körpern anrichtet. Auch Regionalität hat für mich durchaus seine Berechtigung, um Landwirte vor Ort zu unterstützen, lange Transportwege zu vermeiden und damit CO_2 zu sparen. Aus den gleichen Gründen kaufe ich auch saisonal. Dazu spielen faire Arbeitsbedingungen für mich immer eine Rolle.

Aber seien wir mal ehrlich: Bei fast allen Produkten steht der Kunde vor so vielen Entscheidungen, dass auch ich unentwegt verrückt werden könnte. Und das, obwohl ich mich durch meine Arbeit für gut informiert halte. Wie soll es da erst denen gehen, die gerade am Anfang ihrer Klimaschützerkarriere stehen? Eier sind für mich immer ein gutes Beispiel (Veganer mögen sich an dieser Stelle an ein anderes Produkt denken): Was da auf den Verpackungen an möglichen Entscheidungskriterien stehen kann, macht einen schwindelig: Bodenhaltung, freilaufend, bio, regional, keine Tötung von männlichen Küken, keine Schnabelkürzung ... Bei den wenigsten Eiern ist alles vereint. Das heißt, ich muss mich entscheiden. Was gar nicht geht, ist Bodenhaltung. Dieser Begriff mag gar nicht so schlecht klingen, wer einmal Bilder davon gesehen hat, was Bodenhaltung beinhaltet, verzichtet aber vermutlich darauf. Es bedeutet, dass die Tiere sich in einem geschlossenen Stall frei bewegen können. Das passiert aber meist auf übereinandergestapelten Gitterebenen, auf denen die Hühner dicht gedrängt leben müssen. Eine Reportage über

Hühnerretter zeigt, in welch erbärmlichem Zustand die Tiere sind, falls sie dort noch lebend rauskommen.

Mein Hauptkriterium bei Eiern ist »bio«. Da sind vertretbare Haltungsbedingungen inklusive, und das Futter muss überwiegend aus ökologischem Landbau stammen. Die Tiere essen also keinen Mist, der in den Eiern landet und dann im Menschen.

Nicht nur die inneren Werte sind entscheidend

Für mich sind aber beim Einkauf nicht nur die Qualität der Lebensmittel, die Tierhaltung und die Arbeitsbedingungen entscheidend, sondern auch noch etwas ganz anderes: die Verpackung.

Bleiben wir bei den Eiern und werden mal richtig kompliziert. Es gibt Eierkartons, die beschichtet sind, dann müssen sie in die gelbe Tonne. Das ist natürlich nicht weiter schlimm, muss man nur wissen. Kopfzerbrechen haben mir früher die Eierkartons gemacht, die mit bunten Papierstreifen beklebt sind. Ich war mir sicher: Um die Eierkartons in die Papiertonne werfen zu dürfen, muss die Banderole ab. Die ist aber meist ganz schön hartnäckig. Irgendwann stellte ich dann fest, das ist kein Problem, die Banderole darf doch mit in die Papiertonne. Am einfachsten sind trotzdem die Kartons ohne Banderole, die einfach nur bedruckt sind. Die darf ich aber trotzdem nicht als Boden-Siff-Schutz beim Biomüll verwenden, weil die Druckerfarben da nicht reingehören. Bleiben noch die Kartons ohne Banderole und ohne Druck, in die man die losen Eier reinsortiert – die nehme ich am liebsten und am häufigsten. Ich bringe sie auch meistens wieder mit zum nächsten Einkauf. Und wenn sie zu zerfleddern drohen, werden sie zu besagtem Bodenschutz in der Biotonne. Und wo wir schon beim Mitbringen von Behältnissen sind: Ich habe auch Mehrweg-Eierkartons in anderen Varianten – aus Plastik beispielsweise.

Unser Müll

Wir Deutschen sind Europameister beim Verpackungsmüll. 220 Kilo sind es pro Kopf und Jahr. Der europäische Durchschnitt liegt bei 167 Kilo pro Kopf. Ungefähr die Hälfte des gesamten Verpackungsmülls geht auf das Konto von Privatpersonen – 47 Prozent. Gründe für diese Müllmassen sind aufwendige Verschlüsse, kleinere Verpackungen für Singlehaushalte, der Trend zum To-go-Konsum und der Onlinehandel.

Quelle: Umweltbundesamt, 2016.

Der Frage, wie ich die Tonnen von Müll vermeiden kann, beschäftigt mich schon lange. Jederzeit wiederverwendbare Einkaufsbeutel dabeizuhaben gehörte zu meinen ersten Schritten in ein nachhaltigeres Leben. Schnell fiel uns dabei auf, dass es da bis heute einen Geschlechterunterschied gibt: Während ich meine Beutel immer in der Handtasche dabeihabe, sagt mein Mann gebetsmühlenartig: »Ich habe halt keine Handtasche« und kauft weiter fleißig Mehrwegtaschen an der Kasse. Daran nervt mich weniger das unnötig ausgegebene Geld als die Tatsache, dass diese Taschen ja auch irgendwie produziert werden müssen und man sie verdammt oft nutzen muss, um die Klimabilanz der Herstellung wieder auszugleichen. Nun ist unser Leben einfach so, dass meistens ich die Lebensmittel einkaufe. Aus Gleichberechtigungsgründen könnte ich mich darüber aufregen. In Wirklichkeit freue ich mich aber darüber, weil ich so die Kontrolle über den Einkauf habe, zum Beispiel eben über die Frage, wie ich die Sachen nach Hause transportiere.

Als ich angefangen habe, Tragetaschen mitzunehmen, habe ich auch aufgehört, Obst und Gemüse in Tüten zu packen – ganz egal ob Papier oder Plastik. Wenn man mal darüber nachdenkt, ist es wirklich absurd, etwa Bananen in Plastik einzutüten. Alles, was schon eine natürliche Verpackung hat, braucht nicht noch eine künstliche, und den Rest kann man ja auch waschen oder schälen. Deshalb lege ich auch so was wie Äpfel, Möhren und einen Kopfsalat so aufs Band und dann in meine Tasche. Oder aber die Sachen wandern in kleine Stoffbeutel – die machen die Sache leichter – zumindest, wenn man einen Apfelkuchen backen will und die Kassiererin oder der Kassierer einem sonst die 20 Äpfel einzeln rüberrollen müsste.

Seit meinem ersten Stoffbeutel hat mich ein richtiger Ehrgeiz in Sachen Verpackung gepackt. Ich habe angefangen, mit den Stoffbeuteln auch beim Bäcker aufzulaufen. Als Nächstes wollte ich mir die Wurst- und Käsetheke vorknöpfen. Bewaffnet mit Wachstüchern, ebenfalls eine neue Errungenschaft, stehe ich eines Tages siegessicher in meinem Biomarkt vor der Auslage und sage: »Sechs Scheiben jungen Gouda, bitte direkt hier drauf.« Die Mitarbeiterin darf das Tuch aus Hygienegründen nur auf der Theke liegen lassen. Deshalb legt sie dann halt doch das beschichtete Papier, in das sie normalerweise den Käse einschlägt – ebenfalls aus Hygienegründen –, unter die Stelle an der Schneidemaschine, wo die Scheiben rausfallen. Dann nimmt sie die sechs Scheiben Gouda von dem Papier, legt sie auf mein Wachspapier und wirft das benutzte Unterlagenpapier in die Tonne. Hmmm. War das so gedacht? Ich habe kein Zeit, darüber nachzudenken, weil schon die nächste Hürde auftaucht: Wohin jetzt mit dem Bon? Banales Einkaufen ist plötzlich so kompliziert. Aufs Wachspapier geklebt, geht er nachher nur schlecht wieder ab. Aber irgendwo muss er drauf. Also pappt die Verkäuferin ihn auf einen Papierzettel, den ich später neben dem Käse im Wachspapier aufs Laufband lege.

Vorher geht's aber weiter zur Wurst. Auch dort lege ich mein neues Wachspapier auf die Theke und bestelle Salami. Und habe damit eine Grenze überschritten: Fleisch und Wurst dürfen nicht in Wachspapier, wegen der Keime, die man davon schlecht wieder runterbekommt. Stimmt, ich habe das im Anschluss recherchiert. Mit der Salami in einer ganz normalen Papierverpackung und dem Hinweis, am besten Tupperware mitzubringen, gehe ich zur Kasse und radle im Anschluss nachdenklich nach Hause.

Wie viel Sinn macht das, was ich gerade getan habe? Und wie viel Lust habe ich, neben den Einkaufsbeuteln, Eierkartons, Gemüsebeuteln und dem Wachspapier zukünftig auch noch Tupperware mitzubringen? Wie realistisch ist es wirklich, als berufstätige Mutter mit einem verdammt vollen Terminkalender das Einkaufen dermaßen detailliert zu planen? Es ist unrealistisch – zu diesem Schluss komme ich einige Tage später. In meinen Augen würde ich durch möglichst verpackungsloses Einkaufen zu viel meiner eigenen Energie an der falschen Stelle verschwenden. Ich finde Unverpacktläden toll und wichtig, weil sie mit innovativen Ideen den Markt verändern und das Bewusstsein schärfen. Und ich ziehe meinen Hut vor allen, die sich beim Einkaufen offenbar so viel besser organisieren können als ich und bereit sind, Zeit und Mühe zu investieren, um möglichst verpackungsfrei zu leben. Ich bleibe aber bei den Maßnahmen, die ohne einen Korb voller Behältnisse und auch mal spontan funktionieren.

Im Übrigen bin ich der Meinung, dass an dieser Stelle die Verantwortung für Veränderung bei anderen liegt: beim Handel, der im Austausch mit den Produzenten herausfinden muss, bei welchen Produkten Verpackungen gespart oder geändert werden können; bei der Industrie und bei den Produktdesignern, die Verpackungen entwickeln müssen, die in den Kreislauf zurückgegeben und recycelt werden können; und bei den Dualen Systemen Deutschlands. Das sind die Unternehmen, die sich um unseren Müll kümmern. Die müssen, wiederum im Austausch mit Industrie und Produktdesignern, das gesamte System vereinfachen.

Jedem muss sonnenklar sein, was in welche Tonne gehört. Momentan ist das teils von Kommune zu Kommune wirklich unterschiedlich. Was bei mir gilt, muss ein paar Straßen weiter nicht unbedingt richtig sein, wenn dazwischen eine kommunale Grenze verläuft. Das hat bei mir schon zu peinlichen Situationen geführt. In einer Rundmail an insgesamt 60 Nachbarhaushalte hatte ich mal die große Keule geschwungen: »Wenn die gelbe Tonne weiterhin so falsch befüllt wird wie aktuell, wird die bald nicht mehr abgeholt.« Kurz darauf, bei einem Austausch mit Mitarbeitern der Dualen Systeme, musste ich feststellen: Die Nachbarn hatten nichts falsch gemacht. Ich hatte falsche Rückschlüsse von einer anderen Kommune auf Köln gezogen.

Meine persönlichen Top 4

Das Thema Ernährung ist kompliziert, vor allem in Kombination mit dem großen Müllproblem, das wir haben. Es ist aus vielerlei Gründen kompliziert. Zum einen, weil es so emotional werden kann. Die Frage, was wir essen, ist für manch einen zur Religion geworden. Es ist auch deshalb kompliziert, weil Ernährung und Geschmack so individuell sind, wie kaum etwas sein kann. Und nicht zuletzt macht die Tatsache, dass Ernährung so einen großen Einfluss auf unsere ganz persönliche CO_2-Bilanz hat, die Sache brenzlig. Man erinnere sich an den Aufschrei, als die Grünen den Veggie-Tag nur vorgeschlagen haben.

Ich habe aufgrund eigener Erfahrungen vier Kernpunkte für mich definiert, von denen ich mir wünschen würde, dass möglichst viele Menschen sich daran mal versuchen:

1 Wir sollten zurückkehren zum Sonntagsbraten-Prinzip: viel weniger Fleisch essen – dafür dann aber was Gutes –, verantwortungsvolle Tierhaltung, nicht über den halben Planeten geflogen und ohne Antibiotika-Beigabe.

2 So viele Biolebensmittel wie möglich. Trotz einiger Schlagzeilen, dass auch bei bio nicht immer alles perfekt ist, glaube ich fest daran, dass wir nur mit dem Prinzip der biologischen Landwirtschaft die Gesundheit der Menschen und des Planeten erhalten und auch in der Zukunft die vielen Menschen auf diesem Planeten satt bekommen. Damit das nicht das ewige Gelaber der Elite bleibt, bieten glücklicherweise auch Discounter inzwischen zahlreiche Biolebensmittel an.

3 Lasst uns weniger Lebensmittel wegschmeißen. Mann, das muss doch in unserem ureigensten Interesse liegen, selbst wenn uns nur der Geldbeutel motiviert!

4 Ich möchte in Zukunft keine Bananen in Plastikbeuteln mehr für Instagram fotografieren. Weg mit Verpackungsunsinn!

Ready to rumble?

There is
no planet B!!

Siebtes Kapitel

Was kann ich alleine schon ausrichten?

Plötzlich ist es ganz ruhig im Saal. Ich moderiere eine Veranstaltung zum Klimawandel. Auf der Leinwand sieht man ein Bild mit den Tausenden von Menschen bei den friedlichen Demonstrationen in der ehemaligen DDR, kurz bevor die Mauer fiel. Klimaexperte Sven Plöger hat das Bild auf die Leinwand geworfen. Er erzählt, dass er immer wieder die Frage hört: »Bringt das denn wirklich was, wenn ich mich als Einzelperson für den Klimaschutz engagiere?« Er zeigt auf das Bild. »Wenn jeder von diesen Menschen gesagt hätte: ›Ach, bringt ja eh nichts, wenn ich da hingehe‹, wäre der Platz leer gewesen, und vielleicht stünde die Mauer heute noch.«

Wir müssen auf die Straße, um Politik zu mehr Klimaschutz zu zwingen. Manche Wissenschaftler und Aktivisten sind sogar der Meinung, dass persönliche Veränderung viel weniger ausschlaggebend ist als politische Teilhabe. Einer von ihnen ist Michael Kopatz, Umweltwissenschaftler und Buchautor. Für ihn sind die Teilnahme an Demonstrationen, unbequem sein und staatliche Regulierung einfordern der einzig sinnvolle Weg zu mehr Klimaschutz. Er ist überzeugt: »Diese Vorgaben durch die Politik werden dann automatisch dazu führen, dass die Menschen neue Routinen innerhalb dieser Leitplanken entwickeln – Ökoroutinen eben.«

Regeln für den Klimaschutz

Regeln und Verbote von oben nähmen dem Einzelnen die moralische Last ab, immer das Richtige zu tun. Kopatz erinnert an die Einführung des Rauchverbots in öffentlichen Einrichtungen und öffentlichen Verkehrsmitteln (in vielen Bundesländern ist das Rauchen ja sogar in Gaststätten komplett untersagt): Von Zigarettenfans bis aufs Blut bekämpft und zunächst in der Öffentlichkeit sehr durchmischt aufgenommen, ist das Verbot schnell unhinterfragter Alltag geworden und erzeugt für Tausende Menschen ein gesünderes Umfeld. Wenn ich so darüber nachdenke: Ich bin heilfroh, dass ich mir inzwischen nicht mehr nach jedem Barbesuch ewig die Haare waschen muss, um nicht mehr nach kaltem Zigarettenrauch zu riechen. Daran verschwendet man gar keinen Gedanken mehr.

Michael Kopatz hat eine ganze Sammlung konkreter Vorschläge für alle Lebensbereiche zusammengestellt, deren staatliche Umsetzung automatisch aus jedem von uns einen Ökohelden machen würde, ganz ohne eigene Gewissensentscheidungen.

Ernährung: Wenn die Regierung den Landwirten die Reduzierung des Dünger- und Pestizideinsatzes auf Biolevel bis zu einem bestimmten Zeitpunkt vorschreiben und diesen Wandel auch durch Subventionen unterstützen würde, dann wären Bio für alle und Ökolandbau bald das neue »normal«.

Konsum: Unsere konsumorientierte Gesellschaft muss einen ordentlichen Schubs bekommen, um dem »Geiz ist geil«-Gedanken abzuschwören und Dinge nicht einfach bei jedem kleinsten Defekt wegzuwerfen und neu zu kaufen. Deshalb fordert Michael Kopatz eine Gesetzgebung, die Produkte wieder langlebiger und reparaturfähiger macht und so etwas wie geplante Obsoleszenz verbietet. Hatten Sie auch schon einmal das Gefühl, dass Ihr Drucker nur auf den Ablauf der Garantie gewartet hat, um dann sofort kaputtzugehen? So etwas soll dann verboten und auch einklagbar sein. Dazu könnte man viel längere Garantieleistungen verordnen. Dann wären die Produzenten gezwungen, mehr Qualität anzubieten.

Mobilität: Unsere Fortbewegungsmittel sind ganz essenziell, wenn es um den ökologischen Fußabdruck geht. Kopatz fragt: »Warum verbieten wir nicht einfach den Bau von neuen Straßen und Flughäfen und investieren künftig nur noch in den Erhalt?« Das frei gewordene Geld könne man dann in den Radverkehr und die Schiene stecken und diese Alternativen endlich so attraktiv machen, wie sie sein müssten. Ein Tempolimit und das Ende der steuerlichen Begünstigung von besonders großen, schweren Fahrzeugen gehören ebenfalls zu den konkreten Vorschlägen des Wissenschaftlers.

Wohnen: Wir brauchen alle immer mehr Platz. Die Wohnfläche pro Kopf ist in Deutschland auf einem Rekordniveau. Waren es 1987 noch etwas weniger als 37 Quadratmeter, sind es jetzt fast 47 Quadratmeter.* Wir haben uns ans geräumige Wohnen gewöhnt, es gibt viele Singles, die gerne auf großem Fuß leben. Ebenfalls ein Problem: Wenn die Kinder aus dem Haus sind, bleiben die Eltern auf den Quadratmetern, die mal für eine ganze Familie gedacht waren, wohnen – aus Bequemlichkeit und weil viel zu wenig kleinere Wohnungen vorhanden sind. Um unseren wachsenden Flächenbedarf zu decken, versiegeln immer mehr schicke neue Reihenhaussiedlungen die letzten grünen Flächen. Um hier eine mentale und praktische Kehrtwende anzustoßen, schlägt Kopatz vor, Anreize für

* Statistisches Bundesamt.

effektivere Wohnraumnutzung zu schaffen, etwa durch Umzugsprämien für Umzüge in kleinere Wohnungen oder staatliche Unterstützung von Sharingangeboten wie nachbarschaftlich geteilte Gästezimmer. Auch ein drastisches Verbot von Neubau wäre denkbar, denn da die Bevölkerungszahlen tendenziell sinken statt steigen, haben wir eigentlich bereits mehr als genug ausgebaute Wohnfläche.

Arbeit: Das ewige Argument des drohenden Verlustes von Arbeitsplätzen verhindert viel zu oft ernsthaften Klimaschutz, nicht nur in der Autoindustrie. Und klar: Niemand sollte für den Klimaschutz arbeitslos werden. Deshalb müssen wir Arbeit neu denken und verteilen. Davon ist Michael Kopatz überzeugt. Wer besonders viel und lange arbeitet, wird gesellschaftlich immer noch mehr geachtet. »Dieses Denken muss Schnee von gestern werden. Kürzere Arbeitszeiten müssen populärer werden. So kann Arbeit gerechter verteilt werden. Steuern kann man das durch neue Arbeitszeitengesetze, Anreize und Kampagnen.« Das führe im Übrigen auch dazu, dass der Einzelne, der vorher sehr viel Lohn zur Verfügung hatte, dann weniger Geld hat und somit auch überlegter konsumiert.

Wirtschaft: Weniger verschwenderischer Konsum – müssen wir uns dann von der Idee des ewigen Wirtschaftswachstums verabschieden? Darüber diskutieren Experten heftig. Fakt ist, dass wir durch das ständige Streben nach weiterem Wachstum viel zu viele Ressourcen verbrauchen.

Ich erinnere an den Fakt, dass wir schon jetzt so viel verbrauchen, dass wir jährlich drei Erden bräuchten, um den Verbrauch nachhaltig zu decken. Michael Kopatz plädiert deshalb dafür, den Wachstumszwang und die Exportabhängigkeit einer Region zu verkleinern. Ansätze dafür gibt es schon seit Jahren: Regionalgeld, Tauschringe, Repair-Cafés, Tauschläden, Soziale Kaufhäuser, Leihsysteme, Stadtgärten, Solidarische Landwirtschaft. Das Problem: All diese Ansätze funktionieren bislang meist durch ehrenamtliches Engagement. Es braucht systematische, kommunale Förderung solcher Konzepte, um unserer bisherigen Art zu wirtschaften etwas entgegenzusetzen.

Für die Veränderung auf die Straße gehen

Mehr Mut zu einer ernsthaften Klimapolitik – das fordert nicht nur Michael Kopatz, es ist auch das Kernanliegen von Fridays for Future. Dafür gehen sie Woche für Woche auf die Straße, mit immer mehr Unterstützung, inzwischen unter anderem von Scientists for Future, Churches for Future, Parents for Future und vielen weiteren Gruppen. Jan Tecklenburg aus dem Presseteam von Fridays for Future freut das: »Wenn viele unterschiedliche Gruppen und alle Generationen mitgehen, fühlen sich auch die Menschen abgeholt, die nicht mehr in die Schule gehen. Es ist wichtig, dass alle sich in dieser großen Klima-

Forderungen von Fridays for Future

Die Forderungen, die Fridays for Future stellt, richten sich in erster Linie an die Politik. Über allem steht der schlichte Appell, sich an getroffene Vereinbarungen zu halten: das Pariser Klimaabkommen und das Erreichen des 1,5-Grad-Ziels. Das klingt so simpel und scheint doch so schwer. Wissenschaftler machen überaus deutlich, wie dramatisch die Folgen sind, wenn wir die Erderwärmung nicht auf 1,5 Grad begrenzen können. Vor allem werden die Schäden nicht reparabel sein.

Dafür fordert die Bewegung, dass Deutschland bis 2035 seine Energieversorgung vollständig auf erneuerbare Energien umstellt. Zudem soll bis 2035 beim Ausstoß von Treibhausgasen die »Nettonull« erreicht sein – das Land soll also nicht mehr CO_2 produzieren, als durch die Natur oder Speichersysteme kompensiert werden kann. Bis Ende 2019 sollen Subventionen für fossile Energieträger abgeschafft werden. Ebenfalls müsse bis zu diesem Zeitpunkt ein Viertel der Kohlekraft abgeschaltet werden. Bis 2030 müsse der Kohleausstieg dann abgeschlossen sein. Notwendig sei darüber hinaus eine CO_2-Steuer von 180 Euro pro Tonne CO_2.

gerechtigkeitsbewegung willkommen fühlen und alle gemeinsam den Druck auf die Politik erhöhen. Wer sich viel mit dem Thema beschäftigt, neigt oft zur Verzweiflung. Ich denke manchmal: ›Das schaffen wir niemals.‹ Aber wenn man auf die Demonstrationen geht und die Energie der vielen Menschen spürt, bekommt man wieder Hoffnung und Kraft. Dann glaube ich daran, dass wir es noch schaffen können, die Klimakrise aufzuhalten.«

Und trotzdem: Persönliche Veränderung ist wichtig

Auch ich stehe zu diesen Forderungen, gehe als Mum for Future auf die Straße. Und dennoch: Anders als Michael Kopatz glaube ich fest daran, dass wir mehr Menschen dazu bewegen sollten, erst mal bei sich selbst und dem eigenen Lebensstil anzufangen, auch wenn die Rahmenbedingungen noch nicht perfekt sein mögen.

Zu warten, wann und ob Politik sich in ausreichendem Maße bewegt, würde bedeuten, sich aus der Verantwortung zu stehlen. Jan Tecklenburg formuliert es so: »Erst mal ist es wichtig, dass man sich mit dem Klimawandel beschäftigt. Dass man weiß, da ist was. Das haben viele ja noch nicht verinnerlicht. Und dann müssen alle ins Handeln kommen. Natürlich hat das eine Signalwirkung, wenn einzelne Personen nachhaltiger leben. Es zeigt anderen Leuten: Man kann ein schönes Leben führen und dabei den Planeten retten.«

Genau darum geht es: erst mal sich selbst klarzumachen, wie viele Bereiche des eigenen Lebens eigentlich verändert werden können und sollten. Erst als ich anfing, meinen Alltag umzustellen, wurde mir so richtig klar, was auch die Politik dafür tun kann, mir ein klimafreundlicheres Leben zu erleichtern. Mein nachhaltigeres Leben hat mich quasi automatisch zu einem Experten auf dem Gebiet gemacht – so geht es sich danach viel überzeugter und informierter auf die Straße.

Was du (wirklich) für das Klima tun kannst

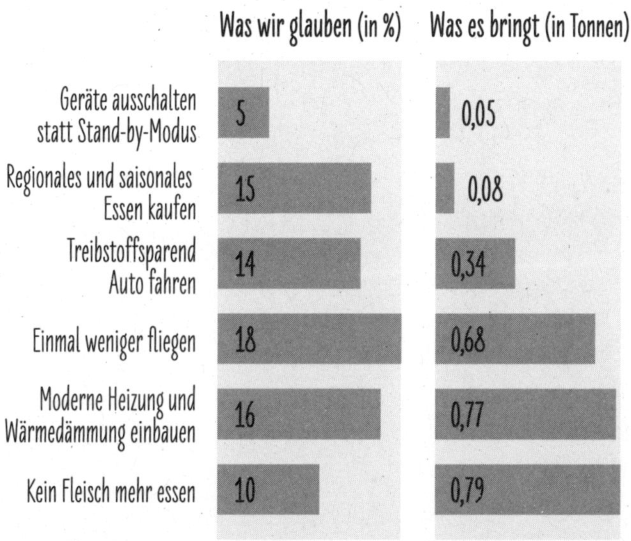

Die repräsentative Umfrage und Sparpotenziale gelten für Deutschland.

Quelle: Frank Bilstein, A. T. Kearney, Deutsche Bundesumweltagentur.

Mein neues Leben ist so viel besser

Vor allem aber wünsche ich mir, dass möglichst viele Leute die Erfahrung machen, wie viel glücklicher ein nachhaltigeres Leben ist. Denn das ist es wirklich: schöner und erfüllter. Als ich 2011 die ersten Schritte in ein nachhaltigeres Leben gemacht habe, hätte ich niemals gedacht, dass ich so weit komme. Und vor allem hätte ich niemals gedacht, dass mein neues Leben so viel besser sein wird. Ich bin gesünder, glücklicher und reicher.

Ja, im Ernst, das ist die beste Erkenntnis von allen: Meine neue Art zu leben hat mir ganz persönlich genützt. Dass ich damit auch noch das Klima schütze, ist eine Art Bonusgefühl. Ich ernähre mich gesünder, ich bewege mich mehr. Ich habe Ballast abgeworfen, mein Leben entrümpelt und gemerkt, dass ich viel weniger brauche, als ich dachte, um glücklich zu sein. Weil das so ist, kann ich weniger arbeiten, darf dafür mehr Zeit mit meiner Familie und Freunden verbringen. Ich habe weniger Stress, habe zurück zur Natur gefunden, die mir als Kind so wichtig war, und gehe mit meiner gesamten Umwelt achtsamer um. Ein nachhaltiges Leben ist nicht Verzicht, sondern Gewinn.

Und diese Erfahrung ist unendlich wichtig, um Menschen zu motivieren, ernsthaft für weitreichende Veränderungen einzutreten. Solange die Politiker Angst haben, wegen unpopulärer Regeln und Verbot zugunsten des Klimaschutzes nicht wiedergewählt zu werden, wird nicht passieren, was passieren muss. Dabei haben sie mit ihrer Wiederwahlsorge nicht mal so unrecht: Viele Menschen finden es zwar erstrebenswert, dass die Umwelt geschützt wird, haben aber Angst davor, dass die dafür nötigen Veränderungen ihr Leben negativ beeinflussen. Würden all diese Menschen aber tatsächlich kleine oder große Schritte in ein nachhaltigeres Leben erst mal selber gehen und wie ich merken, dass das ja nicht nur moralisch, sondern so ganz grundsätzlich eine feine Sache für sie selbst ist, wären diese Ängste schnell verschwunden. So könnten glückliche Menschen ohne Bedenken die Politiker wählen, die um wirklichen Wandel bemüht sind, und wir wären schnell auf dem richtigen Weg. Ganz easy, oder?

Epilog

Ein weiter Weg

Wenn ich zurückblicke, kann ich manchmal gar nicht fassen, wie sehr sich mein Leben in relativ kurzer Zeit verändert hat. Besonders deutlich wird das für mich, wenn ich in der Historie meiner Social-Media-Kanäle in die Vergangenheit reise und die alten Einträge mit denen aus der Jetztzeit vergleiche.

Früher habe ich eigentlich unentwegt gearbeitet und war durchgängig unterwegs. Und zwar mit dem Flieger oder im Auto. Man wird lange nach Bildern aus dieser Zeit suchen, auf denen ich zweimal dieselben Klamotten trage, und der Coffee to go im Pappbecher war mein ständiger Begleiter.

Heute sieht man mich statt beim Boarding am Flughafen auf den Fotos in der Bahn, im Bus oder auf dem Fahrrad. Wenn man mir folgt, wird man die wenigen Kleidungsstücke aus meinem minimalistischen Kleiderschrank wohl ständig wiedererkennen, genauso wie meinen grauen Mehrwegkaffeebecher.

Zwar gibt es immer noch Phasen, in denen ich viel unterwegs bin. Aber die wechseln sich mit deutlich ruhigeren Zeiten ab. Und in denen verweise ich gerne auf die kleinen Glücksmomente: frische Luft und Sonne bei der Fahrt mit dem Fahrrad auf dem Weg zu einem Termin, Zeit mit der Familie, eine besonders leckere regionale und saisonale Biomahlzeit.

Schon krass irgendwie, dieser Wandel. Aber …

So ganz fertig ist man nie

Doch bei allem zufriedenen Rückblick: Ich bin längst noch nicht fertig mit meinem Change. An viele Themen kann ich zwar getrost einen Haken machen – Mobilität und Ernährung gehören dazu. In Sachen Konsum geht aber definitiv noch was. Ich will und werde zwar nie asketisch leben. Insbesondere als Mutter fällt es mir schwer, bei jedem Wunsch unseres Sohnes die Minimalismuskeule zu schwingen und ihm zu sagen: »Jetzt denk mal nach, ob du das wirklich brauchst.« Das werde ich weiterhin von Fall zu Fall abwägen und mit meinem Mann besprechen. Aber bei meinem persönlichen Konsum gibt es auch noch Schrauben zu drehen. Vor allem tolles, zeitloses Design weckt bei mir Begehrlichkeiten … Ich habe mir vorgenommen, insbesondere das Thema Secondhand mehr in mein Leben zu integrieren, als das aktuell der Fall ist.

Wo außerdem echt noch was geht, ist das Thema Wohnen. Wir leben zwar nicht dekadent, aber liegen doch bei 41 Quadratmeter pro Person. Und ich denke oft: Ein Zimmer könnten wir getrost sparen. Dann müsste man auch eines weniger putzen. Aber auch wenn es solche Baukastensysteme schon gibt, wo man je nach Bedarf Module an- oder abbauen kann, das geht bei unserem Reihenhaus, in dem wir zur Miete wohnen, nicht. So träume ich vorerst von einem modularen, minimalistischen schwarzen Passivholzhaus. Ich habe schon mehrfach Zeichnungen von diesem Traumhaus angefertigt und Fotos von vergleichbaren Häusern runtergeladen. Es soll ja helfen, Wünsche zu visualisieren. Wer weiß ...

Die Zukunft kann kommen!

Ich habe Hoffnung. Und, wie ich finde, berechtigte Hoffnung, dass wir das noch hinbekommen mit dem Klima. Allein in den sechs Monaten, in denen ich dieses Buch geschrieben habe, wurde unheimlich viel diskutiert über das Thema – in Deutschland, in Europa, in der ganzen Welt. Natürlich heißt das noch gar nichts. Auch ich darf nicht die Augen davor verschließen, dass die Proteste der Fridays-for-Future-Bewegung noch keine wirklich messbaren Erfolge gebracht haben. Messbar wäre ja, wenn zumindest Teile der Forderungen von FFF erfüllt worden wären.

Aber ich spüre ganz deutlich, dass der Druck wächst, das immer mehr Menschen verstehen, an welchem neuralgischen Punkt wir uns befinden. Woran mache ich das fest? Daran, dass ich bei immer mehr Menschen, von denen ich es ehrlich nicht erwartet hätte, beobachte, dass sie anfangen, Fragen zu stellen. Auch weil eigentlich jeder inzwischen den Klimawandel spürt. Das Thema geht nicht mehr weg. Während es früher ein kurzes Auflodern nach Katastrophen gab, gibt es jetzt eine Generation, die nicht lockerlassen wird, die so lange Fragen stellt und Druck aufbaut, bis Nennenswertes geschieht. Und ich beobachte, dass viele Menschen sich bewegen: Privatleute, Unternehmer*innen und auch Politiker*innen.

Ich persönlich bin mir inzwischen nicht mehr peinlich, wenn ich bei den Demos mitlaufe. Weil ich tue, was ich kann. Was nützt es denn, über die Vergangenheit zu jammern, darüber, dass wir viel zu lange nichts getan haben? Null Komma gar nichts. Das Einzige, das hilft, ist zupacken, anfangen, mitmachen. In dieser Verantwortung sehe ich uns. Alle. Lassen Sie uns das rocken mit der Erreichung der Klimaziele. Es tut gut. Können Sie mir glauben.

Tipps zum Lesen und Schauen

Manchmal braucht man einfach noch mehr Infos, konkrete Zahlen oder schlicht Inspiration. Mich haben auf dem Weg hin zu einem nachhaltigeren Leben so einige Bücher, Filme und Internetseiten begeistert.

Ernährung

Zum Thema Ernährung möchte ich in jedem Fall den Film **»Taste the Waste«** von Valentin Thurn empfehlen. Thurn deckt darin unser wirklich perfides System der Verschwendung auf. Mit dem, was wir in Europa wegschmeißen, könnten wir zweimal alle Hungernden dieser Welt ernähren. Und es geht nicht nur darum, was in unseren Privathaushalten alles in der Tonne landet, sondern auch darum, wie viele gute Nahrungsmittel schon vorher aussortiert werden, weil sie nicht schön genug sind, irgendwelchen Normen nicht entsprechen oder weil es das Mindesthaltbarkeitsdatum gibt und die entsprechenden Gesetze, die einen Verkauf nach Ablauf desselbigen extrem schwierig machen. Die Auswirkungen unseres Umgangs mit Lebensmitteln auf das Weltklima sind verheerend, denn die Landwirtschaft verschlingt riesige Mengen an Energie, Wasser, Dünger und Pestiziden, Regenwald wird für Weideflächen gerodet. Mehr als ein Drittel der Treibhausgase entsteht durch Landwirtschaft. »Taste the Waste« zeigt aber auch, dass ein weltweites Umdenken stattfindet und dass es viele Menschen gibt, die mit Ideenreichtum und großem Engagement diesem Irrsinn entgegentreten. Wer diesen Film gesehen hat, wird mit einem ganz anderen Blick seinen Kühlschrank oder die Supermarktregale betrachten. Und viel wichtiger: Er wird sein Einkaufsverhalten verändern. Garantiert.

Da ich im Kapitel über Ernährung auch die Planetary Health Diet anspreche, möchte ich an dieser Stelle auf das Buch von Holger Stromberg **»Essen ändert alles«** verweisen. Holger ist ein Spitzenkoch, den viele als jüngsten Sternekoch oder als ehemaligen Koch der deutschen Fußballnationalmannschaft kennen. Nicht alle wissen, dass er sich sehr mit der Frage beschäftigt, wie wir mit unserer Ernährung zum Klimaschutz beitragen können. Ich habe ihn auf einem Event zu genau dieser Frage kennengelernt und kann sein Buch nur wärmstens empfehlen. Nicht nur, weil es inhaltlich die Gesundheit des Planeten mit unserer eigenen Gesundheit verbindet. Es hat vor allem auch einen sehr praktikablen Ansatz, der im zuweilen stressigen Familienalltag leicht umsetzbar ist und somit keine Ausreden zulässt.

Plastik

Die unglaubliche Masse von Plastik in unser aller Leben ist schlecht für unsere Gesundheit und die Umwelt. Wer das für Quatsch hält, sollte sich den Film **»Plastik Planet«** von 2010 anschauen. Als ich diese Dokumentation gesehen habe, war ich total geschockt. Denn der Film zeigt nicht nur auf, dass unser Alltag, wie wir ihn heute kennen, ohne Plastik kaum vorstellbar ist, er zeigt vor allem durch medizinische Tests, was die Plastikteilchen in unseren Körpern anrichten können. Ich persönlich bin der Meinung, dass es nicht sinnvoll ist, Plastik komplett aus unserer Gesellschaft verbannen zu wollen. Aber dass Plastik über Nahrung, Getränke oder Kosmetik in unsere Körper gelangt, das sollten wir so weit irgendwie möglich vermeiden. Mir persönlich gelingt das mal besser und mal schlechter. Wer an dieser Stelle noch Unterstützung von einem Profi sucht, sollte sich an Nadine Schubert wenden. Die Autorin von **»Noch besser leben ohne Plastik«** bietet auch Workshops an.

Artensterben

»Rettet die Bienen!« Es gibt inzwischen mehrere Volksbegehren gegen das Bienensterben. Und darüber hinaus zahlreiche Initiativen, die den Erhalt der Bienen sichern wollen. Die Biene ist sozusagen der absolute Promi unter den Insekten, wenn es um das Thema Arten- und Insektenschutz geht. Mich persönlich hat der Roman **»Die Geschichte der Bienen«** von Maja Lunde sehr begeistert. Weil es der Autorin gelingt, die Bedeutung der Bienen für unsere Ökosysteme und auch für uns Menschen in eine wunderbare Geschichte zu verpacken, die sehr berührend und faszinierend zugleich ist. Wer mehr auf Sachbücher steht, dem kann ich **»Das große Insektensterben«** von Andreas Segerer und Eva Rosenkranz empfehlen. Weil es eine super Mischung aus Informationen und Handlungsoptionen für jeden Einzelnen bietet.

Mode

Zum Thema Mode möchte ich gleich drei Tipps geben. Für den nicht ganz soften Einstieg ist der Film **»The True Cost«** bestens geeignet. Weil man sich einmal anschauen muss, warum die Textilindustrie völlig zu Recht als derart schmutzig verschrien ist. Der Film zeigt vor allem auf, was die sich immer schneller drehenden Räder in der Modeindustrie mit den Menschen macht, die unsere Mode produzieren. Die Bilder und Interviews bekommt man nicht mehr aus dem Kopf, und das ist gut so.

Wenn man diesen Film gesehen hat, braucht man Lösungen für den eigenen Kleiderschrank. Neben den Wegen, die ich für mich gefunden habe, möchte ich hier gerne auf das Buch **»Achtsam anziehen«** von Dominique van de Pol verweisen, das gerade erst erschienen ist. Mit ganz viel Fachwissen und Empathie schafft Dominique es, zu überzeugen. Sie schreibt nicht nur über ihren eigenen Weg zu einem nachhaltigeren Kleiderschrank und ganz nebenbei zu einem besseren Körpergefühl. Sie versorgt ihre Leser*innen auch mit den allerbesten Hacks, um es ihr gleichzutun. So macht Slow Fashion Spaß.

Als Ergänzung dazu ist der **»Fair Fashion Guide«** bestens geeignet. Den Ratgeber von femnet e.V. gibt es sowohl als Buch als auch als Plattform. Er bietet nicht nur alle wichtigen Informationen, sondern hat auch einen praktischen Labelfinder, mit dem man in der eigenen Region nach Fair Fashion suchen kann.

Mobilität

Wie kann die Zukunft der Mobilität ganz konkret aussehen? Dazu spreche ich im Buch ja schon mit Prof. Stephan Rammler. Noch viel mehr Ansätze und Visionen finden sich in seinem Buch **»Volk ohne Wagen«**. Damit will der Zukunftsforscher ganz bewusst in die Debatte gehen mit den vielen Autoliebhabern in Deutschland. Wer den Deutschen an die Karre will, kriegt erst mal ordentlich Gegenwind. Umso wichtiger ist es, aufzuzeigen, was wir alle durch eine neue Mobilität gewinnen würden. Genau das gelingt dem Buch – die Perspektive zu verändern, den Groll der vielen umzuwandeln in konstruktive Lösungsansätze. Insbesondere für Autofanatiker ein lesenswertes Buch.

Mindset

Eine ganz entscheidende Rolle für die Veränderung im Kopf hat bei mir der Film **»Tomorrow – die Welt ist voller Lösungen«** gespielt. Ich war 2015 zur Kinopremiere in Köln eingeladen und spreche seitdem immer mal wieder über den Film, weil er mir die Augen geöffnet hat in Bezug auf die Frage »Wie möchte ich zukünftig über Nachhaltigkeit und Klimaschutz sprechen und schreiben?«. In dem Film geht ein französisches Team auf die Suche nach Lösungen für die zahlreichen Probleme, die wir auf diesem Planeten haben. Das Team besteht aus der Schauspielerin Mélanie Laurent und dem Autor und Aktivisten Cyril Dion. Zu Beginn sprechen die beiden mit Wissenschaftlern über den Zustand unseres Planeten, um deutlich zu machen, dass Veränderung dringend notwendig ist. Dann bereisen sie zehn Länder, um Projekte und Initiativen vorzustellen, die Sinnvolles beitragen können zum Ressourcenschutz und im Kampf gegen die Klimakrise.

Der Film schafft es, mit einer Leichtigkeit das Gefühl zu vermitteln, »wir haben noch eine Chance, es gibt Lösungen, wir müssen einfach nur anfangen, sie umzusetzen«. Das hat mich damals total begeistert, und es begeistert mich immer noch. Denn das ewige »Alles ist so furchtbar, mimimi« bringt ja niemanden weiter. Seit ich damals mit einem Lächeln auf dem Gesicht aus dem Kinosaal gekommen bin, versuche ich ebenso konstruktiv wie der Film mit der Klimakrise umzugehen. Das gelingt mir nicht immer, denn manchmal wirkt der Kampf aussichtslos. Aber meistens begegnet mir in den schlechten Momenten eine Person, ein Artikel oder irgendwas sonst, das eine Lösung darstellt und wie der berühmte Lichtblick am Horizont ist. Diesen Film empfehle ich jedem. Weil er Mut macht. Und das ist genau das, was wir brauchen.

Einige Lösungsansätze aus dem Film finden sich übrigens auch im Buch **»Ökoroutine«** von Michael Kopatz wieder. Das ist deshalb schön, weil Michael Kopatz in seinem Buch ja politische Rahmenbedingungen als einzig wahre Lösung propagiert. Im Film werden manche seiner Ideen aber von der Zivilgesellschaft umgesetzt. Und so landen wir zum Schluss wieder bei meiner Conclusio: Beides ist wichtig, um die Welt zu verändern. Der gesetzliche Rahmen, der uns zu neuen, besseren Routinen zwingt, aber auch jeden Einzelnen darin zu bestärken, dass seine kleinen Schritte zählen.

Maren Urner hat das tolle Buch **»Schluss mit dem täglichen Weltuntergang«** geschrieben. Da es darin um konstruktiven Journalismus geht und die Frage, warum wir dringend mehr davon brauchen, besonders beim Thema Klimakrise, könnte man vermuten, dass es sich um ein Buch nur für Journalisten handelt. Eigentlich ist es aber inspirierend für jede*n. Denn im Kern geht es darum, wie wir alle besser mit der täglichen Informationsflut umgehen können, die über sämtliche Kanäle unaufhörlich über uns drüberschwappt. Eine Erkenntnis darin ist, dass Menschen sich gänzlich abwenden von Nachrichten, wenn sie zu viel Negatives lesen, sehen und hören. Deshalb müssen Journalisten immer auch aufzeigen, was getan werden kann. Und das ist ja gerade beim Klimaschutz unerlässlich. Mit positiven oder zumindest lösungsorientierten Aussichten können Konsumenten sich auch wieder für Nachrichten begeistern. Und das muss das Ziel sein. Klare Leseempfehlung.

Fast immer, wenn ich mir die berühmte Frage »Gibt's das auch in Grün?« gestellt habe, bin ich auf die Utopia-Website weitergeleitet worden. Zu Recht nennt die Seite sich »Deutschlands Portal Nummer 1, wenn es um Nachhaltigkeit geht«. Es gibt kein grünes Thema, zu dem auf Utopia noch nicht geschrieben wurde. Und die Informationen werden immer wieder aktualisiert. Außerdem führt Utopia regelmäßig Konsument*innen-Befragungen durch, sodass die Mitarbeiter*innen des Portals immer sehr genau wissen, was die Menschen so umtreibt. Und das spiegelt sich dann auch im News-Bereich der Seite wider. Also unbedingt regelmäßig vorbeischauen!

Zum Schluss möchte ich noch ein Buch empfehlen, das mich selbst sehr inspiriert und bestärkt hat auf meinem Weg. Ich habe es gelesen, während ich schon dabei war, mein eigenes Buch zu schreiben. Es heißt **»Sisu – der finnische Weg zu Mut, Ausdauer und innerer Stärke«**. Die Autorin Katja Pantzar ist Australierin, die es irgendwann nach Finnland verschlagen hat. Im Buch beschreibt sie, wie sie selbst Sisu leben und lieben gelernt hat. Und ich habe beim Lesen unentwegt Parallelen zu meinem eigenen neuen nachhaltigen Leben entdeckt. Denn Sisu hat ganz viel mit Minimalismus zu tun, mit Naturverbundenheit, Bewegung an der frischen Luft auch in unbequemen Situationen. Und immer entdecken die Finnen in dem vermeintlich beschwerlicheren Weg das Gute und besonders häufig sogar einen gesundheitlichen Benefit. Ich fühle mich Sisu seit der Lektüre dieses Buches total verbunden. Und ein Faible für Skandinavien hatte ich schon immer. Wer Letzteres mit mir teilt und sein Leben gesünder und nachhaltiger gestalten will, sollte dieses Buch lesen.

Die Gespräche aus diesem Buch zum Anschauen

Von den schönen und interessanten Begegnungen, die ich für dieses Buch mit einigen Aktivisten und Wissenschaftlerinnen hatte, gibt es auch Videos, in denen noch viel mehr Platz für weitere Fragen war. Die Videos kann man hier anschauen:

Danksagung

Danke sagen ist wichtig. Deshalb mache ich das unheimlich gerne. Zunächst möchte ich allen Leser*innen danken. Ich hoffe, dass ich Ihnen ein paar Gedanken mitgeben konnte, die Sie in Ihrem eigenen Leben weiterbringen.

Dann möchte ich meinem Verlag danken. Vor allem dafür, dass all die wunderbaren Menschen dort sich eingelassen haben auf mich, die ehemalige Boulevardjournalistin. Der oekom verlag hat sich ein großes Renommee erarbeitet in allen Fragen rund um Ökologie. Da bedarf es schon auch einer Portion Mut, sich auf eine Frau einzulassen, die aus einer ganz anderen Richtung kommt und von sich selbst sagt: Ich weiß inzwischen ziemlich viel in Sachen Klimaschutz, aber eine Expertin bin ich nicht. Ich danke euch für euer Vertrauen, die sensationelle fachliche Unterstützung, das inspirierende Lektorat und die vielen Treffen, die mich vor allem menschlich überzeugt haben.

Dass dieses Buch überhaupt entstanden ist, verdanke ich meinem empathischen, hartnäckigen und erfahrenen Literaturagenten Felix Rudloff von Copywrite. Schon bei unserem ersten Treffen hat er meine Persönlichkeit verdammt gut erkannt. In meiner Geschichte hat er etwas gesehen, das erzählt werden sollte. Danke von Herzen, Felix, dass du mit mir einige Umwege gelaufen bist und nicht aufgegeben hast.

Liebe Interviewpartner, vielen Dank für eure Zeit und vor allem euer Fachwissen, mit dem ihr meine Erfahrungen und Erlebnisse auf eine Metaebene bringt und durch das ich an einigen Stellen nachträglich verstanden habe, warum manche Schritte sich so angefühlt haben, wie sie es eben getan haben.

Liebe Nadine Dilly, du machst wunderbare Fotos, und liebe Dorothee Döring, dein Make-up hat mich am Tag des Fotoshootings so was von gerettet. Wie schön, dass wir uns noch aus meinem »alten« Leben kennen und in meinem neuen Leben erneut mit so viel Spaß zusammenarbeiten konnten.

Ich danke meinen Eltern, die mir durch gewisse Gen-Konstellationen, sehr viel Liebe und die Vermittlung von Werten gezeigt haben, dass ich vieles schaffen kann, auch wenn es manchmal auf den ersten Blick unmöglich erscheint. Das alles in der Kombination hat mich zu einer Kämpferin gemacht, die meistens einschätzen kann, wann es sich zu kämpfen lohnt. Und das mache ich so, schon immer. Ich liebe euch.

Meiner Schwester bin ich unendlich dankbar dafür, dass sie es Tür an Tür mit mir aushält. Es ist unbezahlbar, dich in meiner direkten Nähe zu wissen. Mehr braucht es manchmal nicht. Mein Leben wäre nur die Hälfte ohne dich.

Die wichtige Rolle meines Mannes auf meinem Weg der Veränderung habe ich schon im Buch beschrieben. Aber ich möchte ihm hier noch mal explizit »Danke« sagen. Dafür, dass mein neuer Weg uns nicht entzweit, sondern stärker zusammengeschweißt hat. Auch das Schreiben dieses Buches war noch mal eine große Herausforderung für unser Familienleben. Danke fürs Rückenfreihalten, für den mentalen und technischen Support und die immer neuen Beteuerungen, dass ich das alles hinbekommen werde. Ja, ich habe es geschafft, aber nur dank und mit dir. Du bist das Beste, was mir je passiert ist.

Und zuletzt möchte ich meinem Sohn danken. Dafür, dass ich seine Mutter sein darf. Du bist der tollste Sohn, den ich haben kann. Weil du so bist, wie du bist. Und weil du mir die Augen geöffnet hast für das, was wirklich zählt im Leben. Love you to the moon and back.